BEI GRIN MACHT SICH IHR WISSEN BEZAHLT

Bibliografische Information der Deutschen Nationalbibliothek:

Die Deutsche Bibliothek verzeichnet diese Publikation in der Deutschen National-
bibliografie; detaillierte bibliografische Daten sind im Internet über http://dnb.d-
nb.de/ abrufbar.

Impressum:

Copyright © 2008 GRIN Verlag, Open Publishing GmbH
Druck und Bindung: Books on Demand GmbH, Norderstedt Germany
ISBN: 978-3-668-21725-6

Dieses Buch bei GRIN:

http://www.grin.com/de/e-book/182992/moeglichkeiten-und-grenzen-der-quali-
taetssteigerung-von-mitarbeiterzeitschriften

Cornelius Bubenzer

Möglichkeiten und Grenzen der Qualitätssteigerung von Mitarbeiterzeitschriften in Deutschland

GRIN Verlag

GRIN - Your knowledge has value

Der GRIN Verlag publiziert seit 1998 wissenschaftliche Arbeiten von Studenten, Hochschullehrern und anderen Akademikern als eBook und gedrucktes Buch. Die Verlagswebsite www.grin.com ist die ideale Plattform zur Veröffentlichung von Hausarbeiten, Abschlussarbeiten, wissenschaftlichen Aufsätzen, Dissertationen und Fachbüchern.

Besuchen Sie uns im Internet:

http://www.grin.com/

http://www.facebook.com/grincom

http://www.twitter.com/grin_com

BACHELOR THESIS

Studiengang: Business Communication

„Möglichkeiten und Grenzen

der Qualitätssteigerung von Mitarbeiterzeitschriften

in Deutschland"

erstellt von: Cornelius Bubenzer

Erarbeitet im: 6. Semester

Abgabedatum: 26. März 2008

International School of Management

Otto-Hahn-Straße 19

44227 – Dortmund

I Inhaltsverzeichnis

II Tabellenverzeichnis

1 Einführung

Nach dem Betriebsverfassungsgesetz sind Betriebe dazu verpflichtet, den Mitarbeiter über die Dinge, die im Unternehmen geschehen, zu informieren.[1] Während die Weitergabe von Informationen bindend ist, stellt sich die Frage, in welcher Qualität der Informationsverpflichtung nachgekommen werden muss. In der Literatur ist das Thema Verbesserungspotenzial bei Mitarbeiterzeitschriften im geringen Maß vertreten. Die Bücher über Verbesserungspotenzial bei Mitarbeiterzeitschriften wählen oft einen sehr praktischen Ansatz. So schreibt MÄNKEN in seinem Buch „Mitarbeiterzeitschriften noch besser machen" im Nachwort: „Dieses Buch ist eine Bestandsaufnahme geworden."[2] Eine Bestandsaufnahme besonders signifikanter Fehler, wie der Redakteur seine Mitarbeiterzeitschrift nicht gestalten sollte oder was man in ihr nicht auslassen darf.[3] Hinzu kommt ein anderer Aspekt. „Auffallend ist die generell zurückhaltende, ja sogar pessimistische Einschätzung möglicher Optimierungsmaßnahmen."[4] Nur 35% der Kommunikationsverantwortlichen stufen die möglichen Optimierungsmaßnahmen der Mitarbeiterzeitschrift als sehr hoch ein.[5] Die Frage, die sich unweigerlich stellt, wenn man beide Aspekte verbindet, ist folgende: Ist es in der Tat so, dass man mit Erfüllen der grundlegenden Regeln das Verbesserungspotenzial ausgeschöpft hat?

Diese Arbeit hat zum Ziel, beim Qualitätsverständnis von Mitarbeiterzeitschriften anhand eines Modells, das im Hinblick auf den klassischen Journalismus erarbeitet wurde, die Möglichkeiten und Grenzen der Qualitätssteigerung bewährter Mitarbeiterzeitschriften, aufzuzeigen. Der Verfasser geht davon aus, dass wenn Mitarbeiterzeitschriften in dem bedeutendsten deutschen Wettbewerb für Mitarbeiterzeitschriften bestehen können und ausgezeichnet werden, diese die in der Literatur bereits bekannten Fehler nicht mehr begehen werden. Wird mithilfe von RAGERS Modell Verbesserungspotenzial nachzuweisen sein,

---

[1] Weitere Informationen zu den hier einschlägigen Vorschriften (§§ 43; 81-83; 110 BetrVG) bei Fitting, Betriebsverfassungsgesetz, 2007. Gesetzliche Einschränkungen gibt es lediglich bei Tendenzbetrieben. (Vgl. Kalmus/Classen, 1979, S. 18)

[2] Mänken, 2004, S. 214

[3] Vgl. Mänken, 2004, S. 214

[4] Meier, 2002, S. 92

[5] Vgl. Meier, 2002, S. 92

lohnt es sich das Modell auch auf andere, nicht ausgezeichnete Mitarbeiterzeitschriften, anzuwenden.

In dieser Thesis wird zunächst einmal das Phänomen „Mitarbeiterzeitschrift" vorgestellt und definiert, um Definitionsvarianzen weitestgehend zu vermeiden. Die Betrachtungsweise beschränkt sich auf deutsche Mitarbeiterzeitschriften. Im Anschluss daran soll die Definitionsproblematik der journalistischen Qualität beleuchtet werden, wie sie für diese Arbeit von Bedeutung sein wird. In dieser Arbeit sollen die RAGERschen Qualitätsdimensionen ausgewählt werden. Anschließend wird gezeigt werden, wie sich dieses Modell in den Bereich der internen Unternehmenskommunikation, übertragen lassen kann.

Ob die Mitarbeiterzeitschriften der Gewinner des „inkom. Grand Prix", dem bedeutendsten Wettbewerb für Mitarbeiterzeitschriften in Deutschland, Verbesserungspotenzial haben, ist anhand der vorher definierten Qualitätskriterien zu überprüfen. Abschließend werden neue Möglichkeiten von Verbesserungspotenzialen vorgestellt, aber auch Grenzen genannt werden, die das Verbesserungspotenzial limitieren.

Die Aufmacher/ Titelthemen der Mitarbeiterzeitschriften sind für diese digitale Version NICHT im Anhang zu finden, aber per Eigenrecherche (Website Archiv der jeweiligen Websites) nachvollziehbar.

Es bleibt noch anzumerken, dass der Verfasser zu Gunsten der Lesefreundlichkeit auf eine geschlechterspezifische Differenzierung verzichtet; gewählt ist jeweils das grammatikalische Maskulinum.

2 Die Mitarbeiterzeitschrift

2.1 Definition

Während des letzten Jahrhunderts haben sich viele verschiedene Bezeichnungen für das, was heutzutage meistens „Mitarbeiterzeitung" genannt wird, etabliert, die aber wieder zumeist aufgegeben worden sind. Am ältesten ist der Begriff „Werk(s)zeitung/ -zeitschrift,".[6] Seit den siebziger Jahren hat sich zunehmend der Begriff „Mitarbeiterzeitschrift/ -zeitung" durchgesetzt. Folglich soll in dieser Arbeit auch der letztere verwendet werden. Alternative Begriffe wie „Personalzeitschrift", „Unternehmenszeitung" oder „Hauszeitschrift" kommen in der Praxis auch vor.[7]

Zur Einteilung von Zeitschriften und Zeitungen zieht BISCHL die folgenden vier Kriterien heran: Aktualität, Periodizität, Publizität und Universalität.[8] Zu den wichtigsten Merkmalen der **Zeitungen** gehören, dass sie mindestens zweimal wöchentlich erscheinen und die Sparten Politik, Wirtschaft, Zeitgeschehen, Kultur, Unterhaltung und Sport umfassen.[9] **Zeitschriften** hingegen haben eine mindestens vierteljährliche Erscheinungspflicht und müssen wie Zeitungen auch an die Öffentlichkeit gerichtet sein, also keine privaten Familienbriefe. Ferner unterliegen Zeitschriften nicht dem Merkmal der Tagesaktualität, da sie seltener als zweimal wöchentlich erscheinen.[10]

Ein weiteres Merkmal der Mitarbeiterzeitschrift ist, dass sie, im Gegensatz zur Tageszeitung, zugleich ein **Presse-** und **Betriebsorgan** ist. Die grundsätzliche Pressefreiheit (Art. 5 Abs. 1 GG) gilt auch für Redakteure der Mitarbeiterzeitschriften. Zusätzlich unterliegen sie aber rechtlichen und sonstigen Beschränkungen.[11] Dazu gehört beispielsweise die Friedenspflicht. Der Friedenspflicht ist in §49 des Betriebsverfassungsgesetzes wiederzufinden. Dort ist verankert, dass Arbeitgeber und Arbeitnehmer alles zu unterlassen haben, was

---

[6] Vgl. Haller, 1982, S. 4-6; Cauers, 2005, S. 28

[7] Vgl. Bischl, 2000, S. 67f; Vgl. Hilb, 1975, S.34-39

[8] Vgl. Bischl, 2000, S. 70f; Vgl. Hilb, 1975, S. 35

[9] Vgl. Pressestatistik, 1988, S 6, in: Heinrich, 2001, S. 217

[10] Vgl. Heinrich, 2001, S. 304

[11] Vgl. Kalmus, 1998, S. 62f

den Betriebsfrieden stört.[12] Hinzu kommt, dass Mitarbeiterzeitschriften nicht den dualen Charakter des klassischen Journalismus kennen. Die Mitarbeiterzeitschriften stehen weder publizistisch noch ökonomisch in Konkurrenz mit anderen Druckmedien. Auch die Trennung von Leser- und Anzeigenmarkt, kennt die unternehmensinterne Redaktion nicht.[13] Lediglich den Kampf zwischen Geschäftsführung und Redaktion, wenn es beispielsweise um das finanzielle Budget geht, sind der unternehmensinternen Redaktion bekannt.

2.2 Geschichtlicher Hintergrund

2.2.1 Die Anfänge

In Deutschland begann die Mitarbeiterzeitschrift im vergegangenen 19. Jahrhundert in Form von Handzetteln und Briefen. Die Entstehung von Mitarbeiterpublikationen war die Folge einer vorangegangenen industriellen Entwicklung, der damit einhergehenden Spezialisierung von Arbeitsprozessen und dem Aufkommen einer armen, jedoch zahlenmäßig großen Arbeiterschicht.[14] KALMUS und CLASSEN erkennen, dass die wirtschaftliche Evolution Grund für eine wachsende Distanz zwischen Arbeitgeber und Arbeitnehmer wurde. Je größer das Unternehmen, desto größer der emotionale Abstand zwischen der Chefetage und der Belegschaft. Dieser Graben musste überbrückt werden. Die Mitarbeiterzeitschrift entstammte patriarchalischen Absichten, informieren und beeinflussen zu wollen, wie man es aus der Familiengesellschaft gewohnt war.[15]

2.2.2 Entwicklung

Als erste Mitarbeiterzeitschrift in Deutschland ist der „Schlierbacher Fabriksbote" in die Geschichte eingegangen, der erstmalig bereits 1888 erschien.[16] Nach dem Ersten Weltkrieg, zu Beginn der Weimarer Republik und der folgenden wirtschaftlichen Erholung, mehrten sich die internen Publikationen. 1919 kam der „Bosch-Zünder" (Bosch) heraus,

---

[12] Vgl. Kalmus; Classen, 1979, S. 40

[13] Vgl. Wyss, 2002, S. 148ff

[14] Vgl. Bischl, 2000, S. 90f

[15] Vgl. Kalmus, 1998, S. 59f; Kalmus; Classen, 1979; S. 35

[16] Vgl. Bischl, 2000, S.91

1921 publizierten Siemens („Siemens-Mitteilungen") und die Rheinelbe-Union („Das Werk") ihre erste Mitarbeiterzeitschrift.[17]

Dann kamen die Nationalsozialisten an die Macht, und ein sehr bedauernswertes Kapitel der deutschen Geschichte wurde aufgeschlagen. Hitler missbrauchte das Potenzial der Mitarbeiterzeitschrift als politisches Propagandainstrument und verbreitete eine Werksgemeinschaftsideologie, die über die Deutsche Arbeiterfront (DAF) organisiert war.[18] Wie das geschehen konnte, erklärt VIEDEBANTT folgendermaßen:

> „Während des Ersten Weltkriegs dienten viele Werkzeitungen auch der politischen Propaganda – eine Entwicklung, die während der Weimarer Republik (1925) in die Gründung des Deutschen Instituts für technische Arbeitsschulung (Dinta) mündete. Das Institut hatte das erklärte Ziel, in der Belegschaft die Gewerkschaften als ,unnötig' erscheinen zu lassen, heißt es in einem Bericht der ,Gewerkschaftlichen Monatshefte'. Dies geschah nicht nur durch Schulung, sondern auch durch die flankierende Gründung von Sport-, Gesang-, und anderen Vereinen im Werk. Auch Werkzeitungen waren ein wichtiges Instrument in der Dinta-Strategie. […]. Die Berichterstattung war überwiegend demagogisch, so verwunderte es nicht, dass die Nazis nach der Machtübernahme 1933 die Dinta übernahmen und deren 190 Werkszeitungen in ihre ,Deutschen Arbeitsfront' eingliederten."[19]

Mitarbeiterzeitschrift wurden ab diesem Moment von einer übergeordneten, staatlichen Instanz geführt. Die Diktatur baute das Medium stark aus, sodass 1943 diese Propagandablätter mit 796 Titeln ihren zahlenmäßigen Höchststand erreichten.[20] Der Zusammenbruch des Dritten Reiches und der damit verbundenen Infrastruktur bedeutete das Ende für die meisten Mitarbeiterzeitschriften. Hauptgrund war nach VIEDEBANTT der Mangel an Papier.[21] Das Gemeinschaftsgefühl der „Betriebsfamilie" hatte beim Wiederaufbau nach dem Zweiten Weltkrieg weiterhin Bestand.[22] „…, inhaltlich und gestalterisch näherten sich die Publikationen jedoch modernen Magazinen an."[23]

---

[17] Vgl. Bischl, 2000, S.91; Kalmus, 1998, S. 60

[18] Vgl. Bischl, 2000 S. 91

[19] Viedebantt, 2005, S. 10-11

[20] Vgl. Viedebantt, 2005, S. 11; Kalmus, 1998, S. 61

[21] Vgl. Viedebantt, 2005, S. 11; Kalmus; Classen, 1979, S. 37

[22] Vgl. Cauers, 2005, S. 31

[23] Cauers, 2005, S. 31

2.3 Aktuelle Situation

Zählte man nach dem Zweiten Weltkrieg erst zehn verschiedene Mitarbeiterzeitschriften, so waren es in den achtziger Jahren 500 unterschiedliche Titel, Mitte der Neunziger gab es laut KLÖFER um die 900 Titel.[24] Über die aktuelle Anzahl von Mitarbeiterzeitschriften gibt es keine zuverlässigen Daten. VIEDEBANTT (2005) geht von 1000 bis 1500 Titeln aus.[25] MAST (2000) und KALMUS (1998) gehen sogar von 2000 Publikationen aus – mit steigender Tendenz.[26] Zwar gibt es auch für Mitarbeiterzeitschriften die gesetzliche Ablieferungspflicht für Druckwerke, diese kommen ihrer Pflicht jedoch nur sporadisch nach. Gründe dafür sind zum einen Unkenntnis über die Ablieferungspflicht oder die oft kurze Lebensdauer des Mediums. MAST geht davon aus, dass die Gesamtauflage aller betriebsinternen Zeitschriften in Deutschland hat die Sechs-Millionen-Grenze im Erscheinungsintervall längst überschritten hat.[27]

Von den Gewinnern des „Best of Corporate Publishing Awards 2007" in den Kategorien Mitarbeitermagazin und Mitarbeiterzeitung gab es kein Unternehmen, das ohne Dienstleistungsunternehmen auskam.[28]

2.4 Funktion

Die Funktionen der Mitarbeiterzeitschrift sind unterschiedlich und hängen stark vom Selbstbild der Redaktion über ihr Medium ab. SCHNEIDER (1984) entwickelte vier organisationssoziologische Typen: traditionell-orientierte, zweckrational-orientierte, personalorientierte und problem-orientierte Mitarbeiterzeitschriften.[29] Im traditionell-orientierten Selbstbild hat die Mitarbeiterzeitschrift die Funktion zu informieren. Im Gegensatz dazu soll die personal-orientierte Sichtweise dazu führen, dass der Mitarbeiter sich im Magazin wieder findet. Es ist also nicht das interne Werbeblatt des Managements, sondern das Ma-

---

[24] Vgl. Klöfer, 1996, S. 63

[25] Vgl. Viedebantt, 2005, S. 11

[26] Vgl. Mast, 2000, S. 144; Vgl. Kalmus, 1998, S. 61

[27] Vgl. Mast, 2002, S. 254

[28] http://www.bcp-award.com/preistraeger07/BCP-2007_Shortlist_Winner.pdf, Forum Corporate Publishing, 31.01.2008

[29] Vgl. Schneider, 1984 in: Cauers, 2005, S. 37

gazin, das den Mitarbeiter und seine Kollegen widerspiegelt. Ein gemeinsames Ziel hat die Mitarbeiterzeitschrift, unabhängig von der Ausprägung: „Die Mitarbeiterzeitschrift baut eine kontinuierliche Beziehung zu den Lesern auf, hat eine hohe Integrationswirkung und schafft ein Wir-Gefühl."[30] Ihre vorrangige Aufgabe ist die Vermittlung der längerfristigen Unternehmensziele und -maßnahmen.[31]

Mit Schaffung des Intranets wurde es in den letzten Jahren notwendig, die Mitarbeiterzeitschriften in ihrer Funktion neu auszurichten.[32] „Sie müssen ihre Stärken als gedrucktes Medium optimieren. Denn in der Aktualität sind ihnen die elektronischen Systeme weit überlegen. Die gedruckten Zeitschriften können hingegen die Rolle des Wegweisers oder Navigators in der internen Unternehmenskommunikation übernehmen" sagt MAST.[33] Mitarbeiterzeitschriften erklären somit Zusammenhänge und bieten vertiefende Hintergrundinformationen. Darüber hinaus bewerten und analysieren sie Zukunftsfragen, kommunizieren Unternehmensziele und Botschaften. MAST misst der Mitarbeiterzeitschrift eine höhere emotionale Ansprache bei als den elektronischen Medien.[34] Die Mitarbeiterzeitschrift bleibt trotz der neuen Medien das zentrale Instrument in der Internen Kommunikation[35] und ist nach MEIER ein Orientierungsmedium, das sowohl Informations- als auch Dialogfunktion schafft.[36]

---

[30] Mast, 2002, S. 195

[31] Vgl. Meier, 2002, S. 49; Vgl. Tschumi, 2005, S. 204

[32] Vgl. Schick, 2002, S. 128

[33] Mast, 2002, S. 266

[34] Vgl. Mast, 2002, S. 274-275 (einschließlich Grafik)

[35] Vgl. Mast, 2002, S. 265

[36] Vgl. Meier, 2002, S. 48

Mitarbeiterzeitschriften erfüllen diese verschiedenen Funktionen, indem sie über ein breit gefächertes Spektrum von Themen berichten, welche häufig über die betrieblichen Ereignisse hinausreichen. CAUERS listet sie wie folgt auf:

Inhalte der Mitarbeiterzeitschrift	Beispiele
Externe Unternehmensaktivitäten	*Veranstaltungssponsoring, Umweltengagement*
Forschung und Entwicklung	*Innovationen, Technikerläuterungen*
Gemeinschaft	*Betriebssport, Feste und Veranstaltungen*
Gesundheit	*Arbeitssicherheit, Vorsorgemöglichkeiten*
Human Touch	*Hobbys von Kollegen, Schicksale, Spenden*
Interessengruppen im Unternehmen	*Betriebsrat, Behindertenvertretung*
Marketing	*Rabattgutscheine, Werbemaßnahmen*
Markt- und Wirtschaftssituation	*Konkurrenzsituation, Zukunftsperspektiven*
Meinungen	*Internes Vorschlagswesen, Missstände, Leserbriefe, Kommentare*
Personalbereich	*Aus- und Fortbildung, Stellenanzeigen, Urlaub*
Personalia	*Jubiläen, Beförderungen, Managementporträts*
Produkte und Dienstleistungen	*Produktionszahlen, Produkttests, Modellvorstellung*
Service	*Veranstaltungstipps, Kleinanzeigen*
Sozialbereich	*Sozialleistungen, Tarifverträge, Rente*
Tochter und Unternehmensgesellschaften	*Beteiligungen, Standortgeschehen*
Unterhaltung	*Rätsel, Comic, Freizeit und Reise, Leserwettbewerbe*
Unternehmensorganisation	*Unternehmensaufbau, Aufgabenbereiche*
Sonstige interne und externe Informationen	*Qualitätssicherung, neue Restriktionen der EU*

Tabelle 1: Themenspektrum einer Mitarbeiterzeitschrift[37]

---

[37] Cauers, 2005, S. 45; Vgl. Haller, 1982, S. 76-78; Vgl. Kalmus, 1998, S. 68

3 Journalistische Qualität

3.1 Die Problematik der Messung journalistischer Qualität

Es gibt zahlreiche Debatten zum Thema journalistische Qualität.[38] Bereits die Duden-Definition zu Qualität, verdeutlicht, dass der Qualitätsbegriff mehrere Aspekte umfasst: „Beschaffenheit, Güte und Wert"[39] wird dort für Qualität angegeben. „Beschaffenheit" ist objektiv definierbar. Ein Objekt kann in seinen einzelnen Komponenten oder in seiner Gesamtheit beschrieben werden. "Güte" und „Wert" hingegen sind subjektiv. So kann das gemalte Bild eines Vorfahren für eine Person wertvoll sein, für eine andere Person hingegen völlig wertlos.

Ein weiterer Grund für die Komplexität der Qualitätsdebatte liegt in der Vielfalt möglicher Bezugsaspekte.[40] So ist journalistische Qualität möglicherweise danach zu bewerten, wie gut es einer Redaktion gelingt, mit dem gesetzten Budget, ein möglichst gutes Ergebnis zu erzielen. Es ist strittig, welche Aspekte die gewichtigsten sind.

„Qualitätsdebatten werden auch dadurch komplex, dass konfligierende Prinzipien, Maßstäbe, Normen, Regelungen ins Spiel kommen: Maßstäbe aus den Bereichen des Medienrechts, des Persönlichkeitsschutzes, weltanschauliche und religiöse Prinzipien, Handwerks- und How-to-do-Regeln, redaktionsspezifische Vereinbarungen oder medienethische Grundsätze. Was handwerklich gefordert sein kann, beispielsweise die Veröffentlichung einer recherchierten Information, kann unter Umstanden gegen den Persönlichkeitsschutz verstoßen oder den Informationsschutz tangieren."[41]

Journalistische Qualität wird auch in der Praxis aus verschiedenen Blickwinkeln betrachtet. Das hängt vom Selbstbild des Journalisten über seinen Beruf ab. WALLISCH nennt mehrere Formen des Journalismus.[42] Dazu gehören unter anderem Informationsjournalismus, Anwaltschaftlicher Journalismus und Meinungsjournalismus.

---

[38] Vgl. Bucher, 2003, S.11-20

[39] o.V., (Duden), 2006, S. 868

[40] Bucher, 2003, S.13

[41] Bucher, 2003, S.13

[42] Vgl. Wallisch, 1995, S. 62ff

1. **Informationsjournalismus**: „Die Meldungen müssten aus technischen und öko-nomischen Gründen so kurz wie möglich sein und dennoch umfassende Informati-onen beinhalten."[43]

2. **Anwaltschaftlicher Journalismus**: Ist die Art des persönlich engagierten Journa-lismus. Journalismus wird als Plattform unterprivilegierter Gesellschaftsgruppen und als massenwirksame, anwaltschaftliche Methode verstanden.

3. **Meinungsjournalismus**: Ein Synonym ist auch „interpretativer Journalismus". Der Meinungsjournalist sieht seine Aufgabe darin, komplexe Zusammenhänge zu inter-pretieren und dem Publikum zugänglich zu machen. Er wird auch als Kontrolleur und Kritiker gesellschaftlicher Dimensionen angesehen.

Die Bewertung journalistischer Qualität würde aus diesen drei journalistischen Perspekti-ven sehr unterschiedlich ausfallen. Während der Informationsjournalist, wenn er an Aktua-lität denkt, Tagesaktualität (Was ist heute passiert?) im Kopf hat, denkt der anwaltschaftli-che Journalist an Themen, die für ihn latente Aktualität haben (Was ist für die Gesellschaft wichtig, damit sie langfristig funktionieren kann?). Der Informationsjournalist ist so objek-tiv, kurz und unemotional wie möglich. Anwaltschaftlicher Journalismus hingegen deckt Missstände auf, ist emotional geladen und tendenziös. Mcinungsjournalismus lässt sich da-zwischen einordnen. Es ist als Komplementär zum Informationsjournalismus zu sehen.

Wie Hermes sagt:

„Die *eine* journalistische Qualität gibt es nicht. Um Qualitätskriterien sinnvoll anwenden zu können – das ist mittlerweile breiter Konsens in der kommunikationswissenschaftlichen Quali-tätsforschung – müssen zahlreiche Perspektiven berücksichtigt werden."[44]

Die Systematisierung der verschiedenen Perspektiven gelingt in RAGERs Qualitätsmodell sehr gut. Umfragen haben gezeigt, dass die Liste der Kriterien vollständig ist,[45] weshalb dieses Modell ausgewählt wurde.

---

[43] Wallisch, 1995, S. 62

[44] Hermes, 2006, S. 38f; Vgl. Wyss, 2002, S. 97

[45] Vgl. Rager, 1994, S.190

3.2 Das RAGERsche Qualitätsmodell

Dieses Qualitätsmodell systematisiert die unterschiedlichen Aspekte von Qualität aktueller Zeitungsberichterstattung in fünf Dimensionen (Aktualität, Relevanz, Richtigkeit, Vermittlung und Ethik) und macht diese so dem professionellen und wissenschaftlichen Diskurs zugänglich.[46] Im Jahr 2000 hat RAGER sein Modell um die bereits genannte Dimension Ethik erweitert. Der Grund, Ethik, die nur unterschwellig im ursprünglichen Modell vorhanden war, als eigene Dimension darzustellen, waren die dramatischen Skandale wegen diverser Fehlleistungen von Journalisten (Thema: Der Tod Lady Di's[47]), Medienunternehmen oder sogar der ganzen Medienbranche.[48] Die Frage nach Ethik für den Redakteur einer Mitarbeiterzeitschrift hat wegen seiner gesetzlichen und der im Unternehmen vordefinierten ethischen Vorgaben keine Bedeutung. Es ist ferner einleuchtend, dass wegen des fehlenden Konkurrenzdrucks aus publizistischer und ökonomischer Sicht die ethischen Fehlleistungen deutlich geringer sind. Der Redakteur der internen Kommunikation muss sich nicht auf Kosten ethischer Standards mit einem Konkurrenzblatt messen und in der Darstellungsweise überbieten (Bsp.: Die Porträtierung des toten Barschels im Bad durch das Magazin „Stern").

Es bleibt zu berücksichtigen, dass journalistische Qualitätsnormen abhängig vom Wertewandel in einer Gesellschaft sind. Wie also journalistische Qualität bewertet wird, hängt mit den Werten und Normen einer Gesellschaft zusammen. So scheint die Norm der Trennung von Nachricht und Kommentar, lange ein nicht hinterfragter Wert in Redaktionen und Ausbildung, wieder an Bedeutung zu verlieren.[49]

RAGER spricht von der dienenden Funktion[50] des Mediensystems; das Mediensystem solle von Vielfalt geprägt sein. Zugrunde liegt dieser Forderung die Annahme, dass Meinungs- und Themenvielfalt die Wahrheit oder Realität besser portraitiert.[51] „Es darf sich nicht er-

---

[46] Vgl. Rager, 1994, S. 190

[47] Vgl. Rager, 2000, S. 83

[48] Vgl. Rager, 2000, S. 83

[49] Vgl. Rager, 1994, S. 190-191

[50] Rager betrachtet unter der „dienenden Funktion" auch die Aufgabe professioneller Moderatoren in der Unternehmenskommunikation als Kommunikationsermöglicher (vgl. Rager, 1994b, S. 31)

[51] Vgl. Rager, 1994, S. 191

schöpfen in einer beliebigen Vielfalt bunter Meldungen über Unglücksfälle und Königs-häuser, sondern fordert eine Vielfalt von Themen und Meinungen für den demokratischen Diskurs und impliziert damit inhaltlich-qualitative Ansprüche."[52]

Ferner vertritt RAGER weder eine normative Ausrichtung (journalistische Qualität basiert auf Gesetzestexten der Mediengesetzgebung) noch eine systemorientierte Perspektive (Journalismus als unabhängiges System). Er wählt den Mittelweg, indem er sich an die Systemtheorie anlehnt und leitet politische Ziele für das System Journalismus ab, ohne die Qualität auf Gesetzestexten basieren lassen zu wollen, die mit politischer Mehrheit erlassen wurden.[53]

Im Anschluss an jede der vier Dimensionen von RAGER wird erklärt, welche Besonderhei-ten diese Dimensionen bei Mitarbeiterzeitschriften haben. Zu Beginn ist festzuhalten, dass es keinen Anlass zu der Annahme gibt, eine dieser Dimensionen finde keine Anwendung auf Mitarbeiterzeitschriften. Keines der von CAUERS ausführlich recherchierten Merkma-le[54] (Format, Auflage, Seitenzahl, Erscheinungsweise und –häufigkeit, Sprache, Distributi-onsformen, Reichweite im Unternehmen sowie die inhaltlichen Merkmale) geben Anlass, eine dieser Dimensionen auszuschließen.

3.2.1 Aktualität

Aktualität ist nach Rager die zentrale Dimension journalistischen Handelns.[55] Aktualität herauszustellen ist der spezifisch journalistische Modus der Informationsbearbeitung. In-formationen werden nur dann ins System Journalismus hineingenommen und nur dann weiterverarbeitet, wenn ihnen vom Journalismus Aktualität zugewiesen werden kann.[56]

„Aktuell ist alles heute, für die Gegenwart Bedeutsame, alles Neue oder nicht (hinrei-chend) Bekannte."[57] Im Gegensatz dazu ist ein anderes System – das Schulsystem – darauf

---

[52] Rager, 1994, S. 191

[53] Vgl. Rager, 1994, S. 195

[54] Vgl. Cauers, 2005, S. 38- 58

[55] Vgl. Rager, 2000, S. 80; Vgl. Rager, 1994, S. 196

[56] Vgl. Rager, 1994, S. 196

[57] Rager, 1994, S. 196; Vgl. La Roche, 1999, S. 69

spezialisiert, bedeutende Informationen und Wissen zu vermitteln, die nicht unbedingt aktuell sein müssen. Messbar ist die Dimension Aktualität daran, wie schnell das Medium auf ein Thema oder Ereignis reagiert. Dabei ist wichtig, dass das erwähnt wird, was zwischen zwei Ausgaben geschieht. Die Tatsache, dass ein alternatives Medium über ein Ereignis berichtet, ist für die Aktualität des Mediums nicht entscheidungsrelevant. Entscheident ist lediglich, wie schnell eine Redaktion auf die Geschehnisse reagiert. Bei einer monatlichen Erscheinungsfrequenz muss die jeweilige Monatsausgabe alle Ereignisse desselben Monats abdecken, um aktuell zu sein.

Hinzu kommt die latente Aktualität. Latent aktuell sind die Themen, „die eine Gesellschaft zwar durchgängig beschäftigen, für die aber immer erst neue Aktualität geschaffen werden muß, wenn sie im System Journalismus bearbeitet werden sollen. Oder solche, die zwar lange existent, bislang aber unbeachtet sind."[58] (Thema: Fremdenfeindlichkeit, Hungersnöte, Katastrophen). Qualität wird bei der latenten Aktualität daran bemessen, wie gut es dem Medium gelingt, den Gegenwartsbezug plausibel zu machen. Je besser es gelingt, der Leserschaft zu erklären, warum ein Thema aktuell Relevanz hat, desto wahrscheinlicher setzt sich dieses Thema in der Öffentlichkeit durch.[59]

Bezogen auf Mitarbeiterzeitschriften bedeutet dies Folgendes: Aktuell ist auch bei Mitarbeiterzeitschriften das, was zwischen zwei Ausgaben geschehen ist. Aktualität bei Mitarbeiterzeitschriften soll also daran gemessen werden, ob über Ereignisse (Messen, Events, Vorstellung neuer Personalia) zeitnah berichtet wird oder nicht. Aktualität ist gerade bei Mitarbeiterzeitschriften ein generelles Problem wegen der geringen Erscheinungsfrequenz. Ereignisse die schon seit Wochen bekannt sind, können für die Mitarbeiterzeitschrift noch aktuell sein, wohingegen das Aktualitätskriterium beim Newsletter nicht erfüllt wäre. Je geringer die zeitliche Differenz zwischen Ereignis und Berichterstattung, umso höher die Qualität. Auch für Mitarbeiterzeitschriften gilt: Bei einer monatlichen Erscheinungsfrequenz muss die jeweilige Monatsausgabe alle Ereignisse des selbigen Monats abdecken, um aktuell zu sein. Aufgrund vorangehender Erkenntnisse, lässt sich folgende Hypothese festhalten:

---

[58] Rager, 1994, S. 197

[59] Vgl. Rager, 1994, S. 197

Hypothese 1a: Mitarbeiterzeitschriften werden aktuell berichten.

Wenn die Informationen aktuell recherchiert wurden, bedeutet dies noch nicht, dass der Bericht aktuell ist. So kann beispielsweise eine Geschichte mit aktuell recherchierten Informationen über eine Abteilung berichten und nicht das Aktualitätskriterium erfüllen. Dies wäre erst dann erfüllt, wenn die Abteilung ihr 50stes Jubiläumsjahr feiert und der Bericht darüber in demselben Monat erscheint.

Basiert eine Nachricht auf einem **andauernden Trend** (bspw. seit den neunziger Jahren: Erneuerbare Energien), dann muss in der Nachricht deutlich werden, weshalb diese Nachricht relevant ist. Dies korrekt zu beurteilen, stellt ein Problem dar. Ab wann kann von Trend oder Ereignis die Rede sein? Solchen Themen lässt sich keine vordefinierte Schablone anlegen.

Latente Aktualität: Wie gut gelingt es einer Mitarbeiterzeitschriftredaktion, den Gegenwartsbezug ihren Mitarbeitern verständlich zu machen, beispielsweise durch Spendenaktionen für Tsunamiopfer? Ferner scheint es dem Verfasser angebracht auch solche Themen als latent aktuell zu bezeichnen, welche zwar nicht die große Öffentlichkeit beschäftigen, dennoch für das Unternehmen latente Aktualität beinhaltet, wie zum Beispiel Mitarbeiter mit körperlichen oder geistigen Beeinträchtigungen am Arbeitsplatz. Anders wie im klassischen Journalismus hat die Mitarbeiterzeitschrift nicht zum Ziel Missstände aufzudecken. Daraus ergibt sich folgende Hypothese:

Hypothese 1b: Mitarbeiterzeitschriften werden sehr wenige latente Themen vorweisen können.

Es bleibt anzumerken, dass Aktualität bei Mitarbeiterzeitschrift nicht derjenigen von Tageszeitungen ähnelt in dem Punkt, dass sie keine taktischen oder politischen Kalküle enthalten sollen, wie Rager es beschreibt.[60] Wie eine Studie des Forum Corporate Publishing zeigt, ist die Mitarbeiterzeitschrift Teil der Öffentlichkeitsarbeit und wird von Führungskräften dieses Bereichs geleitet.[61] Vermutlich stecken keine politischen Kalküle dahinter,

---

[60] Vgl. Rager, 1994, S. 197

[61] Forum Corporate Publishing (FCP) hat TNS Emnid beauftragt eine Studie über Interne Kommunikation durchzuführen. Dazu wurden die BCP-Award-Teilnehmer und Unternehmen der Top 500 (größten Unternehmen der Bundesrepublik Deutschland nach Anzahl der Mitarbeiter (Quelle: Hoppenstedt Firmendatenbank, Stand: 2. Quartal 2004) befragt. An

taktische Kalküle sind allerdings vorhanden, wenn die Mitarbeiterzeitschrift als Steuerungsinstrument der Unternehmenskommunikation gesehen wird.

3.2.2 Relevanz

Anders als bei der Aktualität, bei der die Bedeutsamkeit in der Gegenwart liegt, geht es hier um die Bedeutsamkeit selbst.[62] Informationen müssen demnach neu (aktuell oder die nahe Zukunft betreffend), **und** zusätzlich wichtig oder interessant sein, um im Journalismus weiterverarbeitet zu werden.[63] Die Dimension Relevanz ist also ein Qualitätskriterium bei der Nachrichtenauswahl. Für die Selektionsarbeit ist die Nachrichtenwerttheorie ein guter Ansatz. Die Nachrichtenwerttheorie befasst sich mit der Fragestellung, nach welchen Wertigkeitskriterien Nachrichten ausgewählt werden.[64] Qualität zeigt sich in diesem Zusammenhang vor allen Dingen durch eine zuverlässige und möglichst wenig willkürliche Auswahl von Artikeln.[65] Die Selektionsfaktoren wurden, ausgehend von der Gatekeeperforschung,[66] oft abgeändert und weiterentwickelt.[67] ÖSTGAARD nennt drei Nachrichtenfaktorenkomplexe,[68] die später von anderen Theoretikern detaillierter dargestellt wurden. GALTUNG und RUGE definieren zwölf Nachrichtenfaktoren,[69] STAAB listet 21 Nachrichtenfaktoren auf.[70] SCHULZ gruppiert seine 18 Unterpunkte in sechs Hauptbereiche.[71] Die Literatur bietet weitere Ansätze.[72] Je mehr diese Qualitätskriterien erfüllt sind, desto größer ist

---

der Befragung nahmen 150 Entscheider für die Interne Kommunikation teil: 112 aus den Top-500-Unternehmen, 38 BCP-Award-Teilnehmer. Die Feldzeit der Studie ging vom 13.10.2004 bis zum 29.10.2004

[62] Vgl. Rager, 2000, S. 81

[63] Vgl. Rager, 2000, S. 81; Vgl. Rager, 1994, S. 197

[64] Vgl. Ruß-Mohl, 2003, S. 126

[65] Vgl. Rager, 1994, S. 198

[66] Vgl. Schulz, 1990, S. 11; Vgl. Ruß-Mohl, 2003, S. 126

[67] Meinke, 2002, S. 24f

[68] Schulz, 1990, S. 13ff

[69] Galtung/Ruge, 1965, S. 70-71

[70] Vgl. Staab, 1990, S. 120f

[71] Vgl. Schulz, 1990, S. 32ff

[72] Vgl. Ruhrmann/ Göbbel, 2007, S. 28f

der Nachrichtenwert und damit die Wahrscheinlichkeit, von den Medien aufgegriffen und verarbeitet zu werden.[73] Jede journalistische Selektion ist verbunden mit Relevanzentscheidungen, ob beispielsweise das Thema ins Blatt kommt und darüber hinaus, welche Positionierung, Gewichtung und Aufmachung es im Blatt einnimmt. Darüber hinaus gibt es in der Feinabstimmung wieder Bewertungspflichten über Einzelinformationen.[74] Das bedeutet, dass gezielt darüber entschieden wird, welche Informationen überflüssig sind und reduziert werden und welche nicht. Es müssen möglichst viele Elemente der Nachrichtenwerttheorie erfüllt sein und zusätzlich muss der Text von irrelevanten Informationen entschlackt werden. Dabei muss berücksichtigt werden, dass die Zeitung ein ausgewogenes Themenverhältnis schafft. Außerdem werden die Platzierungsentscheidung, die Gewichtung der einzelnen Themen und ihre Aufmachung danach beurteilt, wie relevant die Themen sind.[75]

Für die Mitarbeiterzeitschrift sollen aus den oben genannten Ansätzen zehn Faktoren zusammengestellt werden, die den größtmöglichen Teil der relevanten Nachrichtenfaktoren für die Mitarbeiterzeitschrift abdecken. Die Nachrichtenfaktoren sind:

1. **Ereigniswert** (Basiert der Bericht auf einem Ereignis (Konferenz, Tagung etc...)?)

2. **Nutzwert** (Kann der Leser, der an einem bestimmten Thema Interesse hat, einen Nutzen aus dem Artikel ziehen?)

3. **Gefühlswert** (Wie stark spricht der Artikel die Emotionen an? Sind emotionale Elemente im Bericht vorhanden?)

4. **Personalisierung** (Mitarbeiter, Familienangehörige der Mitarbeiter etc.)

5. **Prominenz** (Externe, aber auch interne, bspw. Unternehmensvorstände)

6. **Verständlichkeit** (Eindeutigkeit, Klarheit d. Nachricht)

7. **Valenz** (Positivismus, Negativismus)

8. **Konsonanz** (Stereotypie, Kontinuität)

---

[73] Vgl. Staab, 1990, S. 41f; Vgl. Schulz, 1990, S. 30

[74] Vgl. Rager, 1994, S. 198

[75] Vgl. Rager, 1994, S. 198

9. **Umsetzbarkeit in Bildern** (A: Ist es ein Thema, das sich mit interessanten Bildern besetzen lässt? B: Wie gut gelingt es der Redaktion, ein Thema durch Bilder und Grafiken im Wert zu steigern?)

10. **Glaubwürdigkeit** (Objektivität, Authentizität)[76]

Auch bei der Mitarbeiterzeitschrift ist eine journalistische Selektion mit Relevanzentscheidungen verbunden, ob beispielsweise ein Thema in die Mitarbeiterzeitschrift kommt. Dabei stellt sich die Frage, welchen Wert, im Sinne von Positionierung, Gewichtung und Aufmachung, es zugesprochen bekommt. Wegen der hohen Bedeutsamkeit des Aufmachers, ist auch bei Mitarbeiterzeitschriften davon auszugehen, dass sie die meiste Aufmerksamkeit gewidmet bekommen und somit am qualitativ hochwertiger sind als die anderen Artikel. Es lässt sich folgendes schließen:

Hypothese 2: Mitarbeiterzeitschriften werden Aufmacher mit einer hohen Relevanz als übergeordnetes Konzept der Nachrichtenfaktoren aufweisen können.

3.2.3 Richtigkeit

Qualität unter dem Gesichtspunkt von Richtigkeit bedeutet „möglichst fehlerfrei und frei von logischen Widersprüchen zu berichten und unterschiedliche Meinungen möglichst unverfälscht wiederzugeben."[77]

Grundvoraussetzung für Richtigkeit ist eine gründliche Recherche und Gegenrecherche. Wenn ein Journalist einen Artikel mit zuverlässigen Informationen schreibt, ist er dazu verpflichtet, so gut es ihm möglich ist, seine Informationen selbst anhand anderer Quellen auf ihre Richtigkeit zu überprüfen.[78] Befolgt er diese Regel nicht, läuft er Gefahr, falsche Informationen in Umlauf zu bringen und verstößt gegen die Sorgfaltspflicht. Hinzu kommt ein wichtiger Aspekt, nämlich der Aspekt der Quellentransparenz.[79] Der Leser muss erkennen können, von wo die Informationen bezogen wurden, damit er die Informationen

---

[76] Vgl. Schulz, 1990, S. 32-34, Vgl. Ruß-Mohl, 2003, S. 126- 139; Vgl. Galtung/Ruge, 1976, S. 65-71; Vgl. Staab, 1990, S. 216-226;

[77] Rager, 2000, S. 82

[78] Vgl. Brahnal, 2000, S. 277; Vgl. Heinrich/ Moss, 2006, S. 67, Vgl. Rager, 1994, S. 200; Vgl. Weber/ Rager, 1994, S. 4

[79] Vgl. Rager, 1994, S. 200

besser einschätzen kann. Andernfalls ist trotz der Recherche das Richtigkeitskriterium in diesem Punkt nicht erfüllt. Die Eigenrecherche und die Quellentransparenz sind insofern zwei Seiten ein und derselben Medaille. Damit soll bezweckt werden, dass die verschiedenen Positionen offen dargestellt werden und auf diese Weise möglichst objektiv berichtet wird.

Zur Herstellung von Richtigkeit sind die „W-Fragen" ein Hilfsmittel, „eine Sicherung dagegen, dass versehentlich oder gar absichtlich Informationen weggelassen werden."[80] Es sind folgende Fragen, die sich der Redakteur stellt: Wer? Was? Wann? Wo? Wie? Warum? und Weshalb?[81] Die Fragen nach dem Warum oder Weshalb sind schwierig zu bewerten, da sie stark subjektiv in der Interpretation und im Umfang sind.[82] Die Woher-Frage verlangt nach der gerade vorgestellten Quellentransparenz.

Auf Mitarbeiterzeitschriften ist diese Dimension voll anwendbar. Glaubwürdigkeit ist laut der weiter oben erwähnten Studie[83] des Forum Corporate Publishing der wichtigste Aspekt des Anforderungsprofils einer Mitarbeiterzeitschrift. Grundvoraussetzung für Glaubwürdigkeit ist, dass die gelieferten Informationen korrekt sind.[84] Es ist eine Selbstverständlichkeit, dass die Informationen in einer Mitarbeiterzeitschrift zuverlässig sind. Daraus ergibt sich folgende Hypothese:

Hypothese 3a: Die Artikel werden fehlerfrei und frei von logischen Widersprüchen sein.

Auch wenn der Betriebsrat laut Betriebsverfassungsgesetz nicht einbezogen sein muss,[85] so ist es dennoch sinnvoll, ihn als Quelle in einem strittigen Thema einzubeziehen, um beide Positionen sichtbar vorzustellen und Quellenvielfalt herzustellen. Bei der Bewertung dieser Dimension ist daher auch bei Mitarbeiterzeitschriften die Quellenvielfalt in Verbindung mit der Quellentransparenz das tragende Element. Themen, die rein informativ sind, können auch unter Angabe der Informationsquelle das Transparenzkriterium erfüllen. Somit

---

[80] Rager, 1994, S. 201

[81] Vgl. Rager, 1994, S. 201; Vgl. Weischenberg, 1990, S. 60

[82] Vgl. Rager, 1994, S. 201; Vgl. Weischenberg, 1990, S. 60

[83] Vgl. Factbook, 2006, S. 22

[84] Vgl. http://opus.ub.uni-hohenheim.de/volltexte/2005/86/pdf/kommunikation5.pdf, 11.02.2008

[85] Vgl. Herbst, 1999, S. 85

kann der interessierte Leser erkennen, wie zuverlässig die Quelle ist und kann sich unter Umständen noch detaillierter informieren. Der Aspekt Quellentransparenz wird aller Voraussicht nach bei Mitarbeiterzeitschriften keine Bedeutung haben, da sie sich nicht als neutrales und unabhängiges Medium versteht. Dies bedeutet folgendes:

Hypothese 3b: Keiner der Aufmacher wird externe Quellen angeben.

3.2.4 Vermittlung

Bei der Ebene „Vermittlung" geht es darum, wie gut es der Redaktion gelingt, eine kommunikative Beziehung zu den Lesern aufzubauen.[86] RAGER nennt fünf Entscheidungsroutinen, auf die sich die Qualitätsdimension Vermittlung bezieht:

1. Angemessene journalistische Genres und genregemäße Umsetzung

2. Das Bemühen um Verständlichkeit der Darstellung

3. Die zielgruppengerechte Ansprache des Publikums

4. Redaktionelle Vorgaben über Illustration oder Design

5. Individuelle Besonderheiten der Gestaltung[87]

Zu den Vermittlungsqualitäten eines Mediums zählt RAGER sowohl die Gestaltung eines Einzelbeitrags, als auch die Zusammenstellung des Gesamtprodukts. RAGER untersucht, wie die Themenmischung des journalistischen Produkts ist.[88] Auch eine mangelnde Abstimmung bei Layout und inhaltlicher Gestaltung, zum Beispiel Dubletten oder Zerstreuung ähnlicher Themen in der Zeitung, behindern die Gesamtkomposition.[89]

Bezogen auf Mitarbeiterzeitschriften lässt sich Folgendes festhalten. Für diese Dimension können alle Aspekte übernommen werden. RAGER geht nicht weiter auf diese fünf Aspekte ein, weshalb nachfolgend erklärt werden soll, wie sie in dieser Arbeit angewendet werden.

1. Angemessene journalistische Genres: Bei diesem Kriterium geht es um die Frage, ob das richtige Genre für die zu übermittelnde Botschaft gewählt wurde. Für diese

---

[86] Rager, 1994, S. 202; Vgl. Blöbaum, 1994, S. 267; Vgl. Moss, 1998, S. 176

[87] Vgl. Rager, 2000, S. 82; Vgl. Rager, 1994, S. 202

[88] Vgl. Rager, 2000, S. 83; Vgl. Rager, 1994, S. 204

[89] Vgl. Moss, 1998, S. 177

Arbeit sollen die von RUß-MOHL (2003) identifizierten Genres mit folgendem Verständnis (siehe Klammern) gewählt werden: Nachricht, unterteilt in Kurzmeldung, Meldung, Bericht, Hintergrundberichte. Hinzu kommen Reportage & Feature,[90] Kommentar (Leitartikel, Kolumne, Kritik/Rezession, Satire/Glosse, Lokalspitze, Karikatur, Leserbriefe), Interview und Sonstiges (Mischdarstellungsformen nach RUß-MOHL (2003): Photowettbewerb, Quiz, Personalia und Jubiläen).[91]

2. Das Bemühen um Verständlichkeit der Darstellung:[92] Wie stark ist die Redaktion bemüht, die Verständlichkeit des Artikels zu fördern? Dadurch, dass die Geschichte in einen Kontext platziert wird, kann dies zusätzlich erreicht werden. Dabei sind unter anderem folgende Fragestellungen wichtig: Welche Bedeutung hat diese Information? Wozu wird das führen? Was geschah vorher?[93]

3. Die zielgruppengerechte Ansprache des Publikums: Messbarkeit: Einschaltquoten, Auflagen, erreichte Zielgruppen sind wichtige Qualitätsindikatoren.[94] Ob dieser Aspekt qualitativ hochwertig ist, entscheidet also der Leser, Zuhörer, -schauer.[95] In dieser Arbeit kann dies nur der Verfasser sein.

4. Individuelle Besonderheiten der Gestaltung,

5. Redaktionelle Vorgaben über Illustration oder Design.

Aus forschungsökonomischen Gründen und Gründen der Messbarkeit wurden die fünf Aspekte angepasst und in folgende Hypothesen zusammengefasst:

---

[90] Feature und Reportage werden in dieser Arbeit wegen ihrer Ähnlichkeit und weil der Verfasser davon ausgeht, dass beide Genres nicht besonders stark vertreten sein werden, zusammengefasst. Auch Ruß-Mohl beschreibt sie in einem Kapitel. (Ruß-Mohl, 2003, S. 70) was die Entscheidung noch bekräftigt hat.

[91] Diese Einteilung wurde von Ruß-Mohl (2003) übernommen, weil sie die journalistischen Genres am sinnlichsten bündelt.

[92] Göpfert, 1993, S. 100

[93] Vgl. Heinrich/ Moss, 2006, S. 47

[94] Vgl. Ruß-Mohl, 1994, S. 22

[95] Vgl. Korbmann, 1993, S.147

Hypothese 4a: Alle Mitarbeiterzeitschriften werden die korrekte Darstellungsform für ihren Aufmacher wählen.

Hypothese 4b: Wegen den hohen qualitativen Ansprüchen an den Aufmacher, wird jeder Aufmacher, falls benötigt, Grafiken und eindrucksvolle Bilder hinzufügen.

Hypothese 4c: Jeder Aufmacher wird in der Mitarbeiterzeitschrift klar identifizierbar sein.

Hypothese 4d: Die erstplatzierten Mitarbeiterzeitschriften werden eine bessere Verteilung der Genres haben als die Zweitplatzierten.

Individuelle Besonderheiten der Gestaltung (4.) und redaktionelle Vorgaben über Illustration/Design (5.) sollen ausgeklammert werden, da sie den vorgegebenen Rahmen der Untersuchung sprengen würden.

3.3 Gewichtung der Qualitätskriterien

Die Gewichtung der Qualitätskriterien bleibt problematisch. Kann beispielsweise von Qualität die Rede sein, wenn eine Dimension völlig erfüllt ist und eine andere hingegen nicht? Eine Arbeitsgruppe[96] des Instituts für Journalistik der Universität Dortmund[97] hat versucht, die Wichtigkeit der Dimensionen einzuordnen. Dabei wurden verschiedene Redaktionen angeschrieben. Die Auswertungen zeigten der Wichtigkeit nach folgendes Ergebnis:

1. Richtigkeit: 43,7%

2. Vermittlung: 35,5%

3. Aktualität: 12,3%

4. Relevanz: 8,5%[98]

RAGER selbst steht dem Ergebnis skeptisch gegenüber. Zum Beispiel bezüglich Aktualität: Nur 12,3% der Befragten hielten Aktualität für den wichtigsten Aspekt einer Zeitung. Wie weiter oben erkennbar, verkauft sich eine Zeitung nur, wenn sie wirklich aktuelle Informa-

---

[96] Dazu gehörten: Günther Rager, Helga Haase, Bernd Weber, Sigrun Müller-Gerbes, Volker Uphoff

[97] Vgl. Weber/ Rager, 1994, S. 2

[98] Vgl. Weber/ Rager 1994, S. 2 (Grafik)

tionen bietet. Der Grund für das schlechte Abschneiden dieser Dimension ist vielleicht gerade der, dass Aktualität eine Grundvoraussetzung ist, die die Befragten für selbstverständlich halten.[99] Was die Relevanz anbetrifft, so mag die Problematik darin bestanden haben, zu bewerten, was überhaupt Relevanz hat.[100] Hinzu kommt die Art und Weise, wie gefragt wurde. In einer ähnlichen Umfrage von WYSS konnte Relevanz, mit 10% mehr Stimmen bei „sehr relevant", deutlich besser abschließen als Vermittlung.[101]

Außerdem ändern sich die Dimensionen, da sie in Abhängigkeit von bestimmten Faktoren, zum Beispiel gesellschaftliche Einflüsse oder technologische Entwicklungen, stehen.[102] Mit Schaffung des Internets versteht man unter Aktualität nicht nur Tagesaktualität, sondern Minuten- oder gar Sekundenaktualität.

In dieser Arbeit sollen die Dimensionen mit gleichen Anteilen, je Dimension 25 Prozent, gewichtet werden. Eine Gewichtung der Dimensionen für Mitarbeiterzeitschriften zu treffen, fällt eben so schwer wie im klassischen Journalismus. Es gibt keine wissenschaftlichen Erhebungen, um eine Bewertung treffen zu können. Für die Bewertung von Möglichkeiten und Grenzen von Mitarbeiterzeitschriften in Deutschland hat eine Gewichtung keine primäre Bedeutung, da es darum geht, Verbesserungspotenzial zu finden, nicht aber eine Wertung dieses Verbesserungspotenzials zu treffen.

---

[99] Vgl. Weber/ Rager 1994, S. 3ff

[100] Vgl. Rager, 1994, S. 206

[101] Vgl. Wyss, 2002, S. 252

[102] Vgl. Rager, 1994, S. 206

4 Bewertung ausgewählter Mitarbeiterzeitschriften anhand von Qualitätskriterien

4.1 Untersuchungsdesign

Zu Beginn mussten die zu überprüfenden Mitarbeiterzeitschriften ausgewählt werden. Da es in der Literatur Bücher zur Qualitätssteigerung für Einsteiger zum Thema Mitarbeiterzeitschrift gibt,[103] ist das Bestreben in dieser Arbeit, möglichst herausragende Mitarbeiterzeitschriften zu analysieren. Zur Auswahl der Mitarbeiterzeitschriften wurden die erst- und zweitplatzierten Gewinner des „inkom. Grand Prix 2006" Wettbewerbs ausgesucht, ein Preis, der von der Deutschen Public Relations Gesellschaft verliehen wird. Die drittplatzierten Mitarbeiterzeitschriften[104] wurden nicht hinzugenommen, da es den vorgegebenen Umfang dieser Arbeit überstiegen hätte. Der Wettbewerb ist in seiner Bewertungsmethodik einzigartig in Deutschland. Bewertet werden Mitarbeiterorientierung, inhaltliche Präsentation (Informationsbreite, journalistische Darstellung) und grafische Präsentation (Layout). Die Jury besteht aus einem sechsköpfigen Team mit jeweils zwei Vertretern der Wirtschaft, Medien und Hochschulen.[105]

Die „inkom. Grand Prix 2006" Gewinner wurden angeschrieben.[106] Diese waren:

Für die ersten Plätze:

1. Bosch Zünder (Bosch)

2. autogramm (Volkswagen)

3. kontakt (ABB)

4. Clartext (Clariant)

---

[103] Zum Beispiel: Mänken, 2004

[104] Die vier drittplatzierten Mitarbeiterzeitschriften waren: Globe (Georg Fischer), Bahn Zeit (Deutsche Bahn), Best Spirit (T-Systems), Springer (Axel Springer)

[105] Hermann-Josef Berg, Freier Wirtschaftsjournalist, Heidesheim; Dr. Ulrike Buchholz, Professorin für Unternehmenskommunikation an der Fachhochschule Hannover; Ulrich Nies, Head of Information Coordination bei der BASF AG; Dr. Gebhard Rusch, Professor am Institut für Medienwissenschaft der Universität Siegen; Dr. Gerhard Vilsmeier, Leiter Marketing & Communications bei Siemens Real Estate; Eberhard Wolf, Ressortleiter Bild und Gestaltung der Süddeutschen Zeitung (vgl. Berg Kalthoff-Mahnke Wolf; 2007, S. 98f)

[106] Die „inkom. Grand Prix 2007" Gewinner waren damals noch nicht bekannt. Diese werden in „Internes Kommunikation Jahrbuch 2008" veröffentlicht.

Für die zweiten Plätze:

1. Folio (RAG)

2. O.ton (O2)

3. Das Beste (HVB)

4. Opel Post (Opel)

5. go ahead (Münchener Rück)

Alle Unternehmen haben, wie versprochen, zwei bis drei unterschiedliche Mitarbeiterzeitschriften zur freien Analyse für diese Arbeit zugeschickt.

Das schon vorgestellte Qualitätsmodell von RAGER wurde auf diese Mitarbeiterzeitschriften angewendet. Dabei wurde wie folgt vorgegangen. Die Dimensionen wurden nach einander auf die Mitarbeiterzeitschriften angewendet, um eine möglichst unverfälschte Vergleichsgrundlage herzustellen.

Die Messbarkeit für die Dimensionen findet wie folgt statt: Es sollen jeweils die Aufmacher[107] der Mitarbeiterzeitschriften analysiert werden, weil anzunehmen ist, dass die Redaktion dem Aufmacher, wegen seiner Wichtigkeit, besondere Aufmerksamkeit widmet, was die journalistische Qualität anbetrifft. Ausnahmen sind hierbei die latente Aktualität und Teile der Dimension Richtigkeit. Wegen des unternehmensbezogenen Fokus ist anzunehmen, dass latente Themen keinen Vorzug vor unternehmerspezifischen Themen haben werden. Im Unterschied zur Tageszeitung hat die Mitarbeiterzeitung nicht zum Ziel, beispielsweise auf Missstände, die lange schon existent sind, aufmerksam zu machen. Aus diesem Grund sollen alle Artikel der Mitarbeiterzeitschriften auf latente Themen überprüft werden. Was die Dimension Richtigkeit anbetrifft, so sollen auch alle Artikel der Ausgaben in Betracht gezogen werden.

Alle zu überprüfenden Kriterien werden auf Basis aufgestellter Hypothesen analysiert werden. Alle Messdaten der vier Dimensionen werden in Excel-Tabellen festgehalten und in Unterkapitel 5.1 Handlungsmöglichkeiten veröffentlicht. Außerdem sollen der Übersicht halber, die bereits oben erwähnten Hypothesen dem Untersuchungsdesign hinzugefügt werden.

---

[107] Weil typischerweise Magazine/Zeitschriften keine Aufmacher haben, sondern Titelthemen, sollen diese untersucht werden. Der Begriff „Aufmacher" soll in dieser Arbeit synonym für Aufmacher und Titelthema verwendet werden.

4.1.1 Aktualität:

o Aktualität: Ist der Aufmacher aktuell oder hätte er in der vorherigen Ausgabe erscheinen können? Wenn das Aktualitätskriterium, im Sinne von Ausgabenaktualität, erfüllt ist, bekommt die Ausgabe einen Punkt, andernfalls null Punkte. Die maximale Punktzahl bei drei Ausgaben ist drei, bei zwei Ausgaben zwei.

> **Hypothese 1a: Mitarbeiterzeitschriften werden aktuell berichten.**

o Latente Aktualität: Wie viele Artikel beschäftigen sich mit latenten Themen? Die Menge soll in Seiten berechnet werden, um die variierende Länge der Artikel auszuklammern. Damit soll verhindert werden, dass eine Mitarbeiterzeitschrift mit vier latenten Themen besser bewertet wird, als eine andere, die über zwei latente Themen berichtet, dafür jedoch deutlich umfassender. Die Punkteverteilung bei latenter Aktualität geschieht nach Seiten. Bsp: 1,5 DIN- A4- Seiten ergeben 1,5 Punkte. Die theoretisch maximale Punktzahl ist die Summe der Seitenzahlen der drei Ausgaben.

> **Hypothese 1b: Mitarbeiterzeitschriften werden sehr wenige latente Themen vorweisen können.**

4.1.2 Relevanz:

Die einleitenden Worte treffen besonders für diese Dimension zu. Je stärker die Nachrichtenfaktoren ausgeprägt sind, desto höher der Nachrichtenwert, desto bedeutender die Gewichtung, Aufmachung und Platzierung. Insofern eignet sich der Aufmacher besonders gut, um ihn auf Nachrichtenfaktoren zu überprüfen. Dazu zählen folgende Faktoren: 1. Ereigniswert, 2. Nutzwert, 3. Gefühlswert, 4. Personalisierung, 5. Prominenz, 6. Verständlichkeit (Eindeutigkeit, Klarheit d. Nachricht), 7. Valenz (Positivismus, Negativismus), 8. Konsonanz (Stereotypie, Kontinuität), 9. Umsetzbarkeit in Bildern, 10. Glaubwürdigkeit. Alle Aufmacher der Mitarbeiterzeitschriften werden auf diese Nachrichtenfaktoren überprüft und bekommen Punkte zugewiesen.

0: gar nicht oder nicht ausreichend vorhanden.

1: durchschnittlich vorhanden

2: überdurchschnittlich vorhanden

Ein Aufmacher kann maximal 20 Punkte erreichen (10 Faktoren mit maximal 2 Punkten). Dies ist jedoch unrealistisch, da manche Faktoren sich oft widersprechen (Bspw.: Nutzwert und Prominenz). Der Durchschnitt, also zehn Punkte, sollte erreicht werden. 14 bis 15 Punkte sind bereits sehr gut. Es wird nicht jeder Aufmacher im Hinblick auf seine zehn Faktoren erläutert, sondern vielmehr kommentiert werden, wo die Stärken/Schwächen liegen und wo der Redakteur mehr Wertschöpfung hätte betreiben können.

Hypothese 2: Mitarbeiterzeitschriften werden Aufmacher mit einer hohen Relevanz als übergeordnetes Konzept der Nachrichtenfaktoren aufweisen können.

4.1.3 Richtigkeit:

Sind die Artikel fehlerfrei und frei von logischen Widersprüchen? Werden Meinungen unverfälscht weitergegeben? Diese beiden Fragen bilden den einen Teil der Dimension. Dabei helfen die vier ersten W-Fragen (Wer? Was? Wann? Wo?). Da diese Fragen elementar für jeden Artikel sind und unmöglich weggelassen werden können, werden die W-Fragen nicht eigens überprüft werden.

Hypothese 3a: Die Artikel werden fehlerfrei und frei von logischen Widersprüchen sein.

Der zweite Teil ist die Frage nach dem Quellennachweis (Woher?): Dort soll gezählt werden, wie viele Quellen im Artikel angegeben werden. Eine Quelle ist immer das Unternehmen. Damit dieses Kriterium erfüllt ist, muss immer eine weitere unternehmensunabhängige Quelle für den Leser kenntlich sein. Eine typische Frage könnte also lauten: Werden die Informationen durch eine unabhängige Person gestützt? Eine Quellenangabe am Ende eines Artikel, Beitrags etc. ist auch zulässig, sofern diese auf unternehmensunabhängige Quellen verweist.

Hypothese 3b: Keiner der Aufmacher wird externe Quellen angeben.

4.1.4 Vermittlung:

Wegen der schweren Messbarkeit, die mit der subjektiven Wahrnehmung in Verbindung steht, sollen aus forschungsökonomischen Gründen die von RAGER genannten fünf Unterpunkte an möglichst messbare Kriterien angepasst werden.[108]

Folgende Punkte sind zu bewerten: (die ersten drei betreffen den Aufmacher, der vierte Punkt betrifft die gesamte Mitarbeiterzeitschrift)

- o Angemessenes journalistisches Genre: Bekommt der Aufmacher das passende Genre zugewiesen? Dies ist eine sehr subjektive Beurteilung, da es laut RAGER (1994) kaum Erkenntnisse darüber gibt, welche Darstellungsformen die passende Vermittlungsleistung verspricht.[109] Bewertung: 1 = Ja / 0 = Nein und Begründung. Das Orientierungsmuster ist hierbei die Erwartungshaltung der Leser.

> **Hypothese 4a: Alle Mitarbeiterzeitschriften werden die korrekte Darstellungsform für ihren Aufmacher wählen.**

- o Verständlichkeit durch Grafiken und Bilder mit hoher Aussagekraft: Hier soll gemessen werden, ob eine *grafische* und unter Umständen bildliche Unterstützung die Verständlichkeit gefördert hat. Falls nicht, wird festgestellt, ob dies nötig gewesen wäre. Wäre dies nötig gewesen, ist das Kriterium nicht erfüllt, andernfalls ist es erfüllt. Bewertung: 1 = erfüllt/ 0 = nicht erfüllt und Begründung. Sprachliche und stilistische Verständlichkeit wird nicht überprüft, da dies bereits in der Dimension Relevanz geschehen ist. Dort wurde überprüft, ob der Text auch von Laien verstanden wird. Dies war erwartungsgemäß meistens der Fall.

---

[108] Untersuchungsbereiche wie Layout und Design würden, wegen der unklaren Bemessungsgrundlage, den Umfang der Arbeit übersteigen. Hinzu kommt, dass einige Unternehmen nicht gewillt waren, ihr Corporate Design Manual zuzuschicken.

[109] Vgl. Rager, 1994, S. 203: Nach einer gründlichen Literaturrecherche konnte der Verfasser keine Literatur finden, bei der die Vermittlungsleistung der einzelnen Darstellungsformen dargestellt werden.

> **Hypothese 4b: Wegen der hohen qualitativen Ansprüche an den Aufmacher werden jedem Aufmacher, falls benötigt, Grafiken und eindrucksvolle Bilder hinzugefügt.**

o   Eindeutigkeit des Aufmachers: Ferner soll festgestellt werden, ob der Aufmacher klar identifizierbar ist. Das Kriterium muss in allen zwei bzw. drei Ausgaben erfüllt sein, damit es erfüllt ist.

> **Hypothese 4c: Jeder Aufmacher wird in der Mitarbeiterzeitschrift klar identifizierbar sein.**

o   **Anzahl der Genres**: Wie viele Genres nutzt die Mitarbeiterzeitschrift? Der Verfasser geht davon aus, dass die Redaktion der Mitarbeiterzeitschriften alle oben genannten Genres beherrscht und davon Gebrauch macht, da sie darum bemüht ist, eine Beziehung zu dem Leser aufzubauen. Es ist einleuchtend, dass Abwechslung das Medium interessanter macht und auf diese Weise die Aufmerksamkeit gesteigert wird. Bestünde eine Zeitschrift nur aus Kurzmeldungen, nur aus Porträts oder Kommentaren, würde sich der Leser einen gehaltsreichen Hintergrundbericht ersehnen. Umgekehrt, wenn immer nur tiefgründige Hintergrundberichte oder Reportagen publiziert würden, würde er nicht die Gelegenheit bekommen, sich schnell zu informieren, und vermutlich zum Medium Intranet wechseln. Genrevielfalt sorgt für Ausgewogenheit und fördert die kommunikative Beziehung zwischen Redakteur und Leser.

Was die Genres anbetrifft bleibt noch anzumerken, dass sie sich in der Praxis zum Teil gegenseitig überschneiden. So ist der Unterschied zwischen Bericht und Hintergrundbericht oft nicht erkennbar, sondern muss gedeutet werden. Für diese Arbeit wurde in der Regel wie folgt eingeteilt: Kurzmeldungen haben eine Länge von drei Sätzen, bei kurzen Sätzen auch vier. Meldungen haben im Regelfall 150 Wörter oder eine Spalte und sind möglicherweise bebildert. Berichte sind mehrspaltig und füllen eine halbe DIN- A4- Seite mit Bildern und ungefähr 150 bis 400 Wörtern. Hintergrundberichte wurden danach beurteilt, ob der Artikel streng am Thema bleibt oder erläuternd auf ein Detail eingeht. Bei aller schematischen Einteilung wurde dennoch darauf geachtet, dass Artikel, die mehr nach einem Genre „klingen", auch dem Genre zugeordnet wurde. Reportagen und Features wurden zusammengefasst, und zwar besonders deshalb, weil sie einander ähneln und erwartungsgemäß selten in Mitarbeiterzeitschriften erscheinen. Die Genres Interview, Kommentar und Sonstiges sind nicht an ihrer Textlänge zu bemessen und unterscheiden sich klar von den anderen Genres, sodass die Zuordnung keine Schwierigkeit darstellt.

Wie viele Genres sind vertreten (ein Punkt pro Genre)? Gibt es ein Genre, das eine zu starke oder zu geringe Ausprägung findet? Damit das Kriterium erfüllt ist, müssen sechs von acht Kriterien vorhanden sein. Um sicher zu gehen, dass das Kriterium „Genrevielfalt" korrekt bewertet wird, hat der Verfasser eine zusätzliche Bewertungsmethode angewendet. Wegen der Komplexität werden nur die Berechnungsmethode und das Ergebnis dargestellt.

Wenn das Genre...

...erfüllt ist: Drei Punkte (weißer Zellenhintergrund).

...vorhanden aber nicht erfüllt ist: Ein Minuspunkt (brauner Zellenhintergrund).

...nicht vorhanden ist: Zwei Minuspunkte (roter Zellenhintergrund).

Erfüllt sind die Genres, wenn mindestens drei Seiten pro Genre vorhanden sind beziehungsweise eine halbe Seite für Kurzmeldungen. Die Punkte werden pro Ausgabe summiert und pro Mitarbeiterzeitschrift zusammengerechnet.

> **Hypothese 4d: Die erstplatzierten Mitarbeiterzeitschriften werden eine bessere Verteilung der Genres haben als die Zweitplatzierten.**

Im Anschluss soll das Verbesserungspotenzial jeder Dimension beleuchtet werden. Dazu werden Mitarbeiterzeitschriften exemplarisch herangezogen werden. Anschließend soll aufgezeigt werden, welche Grenzen oder Einschränkungen es gibt, um diese Qualitätskriterien zu erfüllen.

4.2 Die Gewinner des inkom. Grand Prix 2006

4.2.1 Bosch-Zünder (Bosch)

Bosch wurde bereits 1886 gegründet und erwirtschaftet mit seinen 261.300 Mitarbeitern weltweit (110.000 in Deutschland) einen Umsatz von 43,7 Mrd. Euro (11,3 Mrd. Euro in Deutschland).[110]

Die Mitarbeiterzeitschrift wurde 1919 von Robert Bosch gegründet. Der Bosch Zünder hat eine Auflage von 165.000 Exemplaren und erscheint alle zwei Monate.[111] Er besteht aus drei Teilen. Ein 16-seitiger Mantel, erscheint in acht Sprachen und betrifft mit einem Themenspektrum die ganze Bosch-Gruppe. Darüber hinaus können Landesgesellschaften einen Einleger in ihrer Sprache beilegen, mit Themen, die nur ihr Land betreffen. Als zweite Einlage können darüber hinaus Geschäftsbereiche einen Einleger mit Lesestoff aus ihrem Bereich hinzufügen.[112]

Bosch hat in den beiden zugesandten Ausgaben folgende Aufmacher:

- „Wachsen mit grüner Technik"[113]
- „Asien boomt: Bosch mit Dynamik"[114]

1. Aktualität

„Wachsen mit grüner Technik": So wurde das Thema rund um die IAA betitelt. Sie fand vom 13. bis 23. September 2007 statt[115] und hätte demnach nicht in der vorherigen Ausgabe stehen können, besonders bei einer zweimonatigen Erscheinungsfrequenz. Das Aktualitätskriterium ist erfüllt.

„Asien boomt: Bosch mit Dynamik dabei": Dieser Artikel beleuchtet das Umsatzwachstum seit 1995 bei Bosch und beschäftigt sich anschließend maßgeblich mit den Zukunftsprognosen über die Marktentwicklungen in Asien/Pazifik. Als Beweis der Aktualität soll an dieser Stelle die Information dienen, dass Bosch in der letzten Ausgabe 2007 ankündigt,

---

[110] http://www.bosch.de/start/content/language1/html/867.htm, 11.03.2008

[111] Vgl. Berg/ Kalthoff-Mahnke/ Wolf, 2007, S. 100

[112] Vgl. Berg/ Kalthoff-Mahnke/ Wolf, 2007, S. 100

[113] Bosch Zünder, Nr. 5/2007, S. 1 und S. 11

[114] Bosch Zünder, Nr. 6/2007, S. 1

[115] http://www.iaa.de/archiv/2007/, 03.03.2008

wie viel Geld es ab dem Jahr 2008 bis 2010 in Asien investieren möchte, nachdem es in den Jahren 2005 bis 2007 1,4 Mrd. Euro investiert hatte.

Latent aktuelle Themen kommen in beiden Ausgaben vor. Der Bosch Zünder berichtet in der Oktoberausgabe über die Förderung benachteiligter Kinder. Es handelt sich um 4000 Kinder bis zu 14 Jahren, die Unterstützung bekommen für Schule und Ausbildung. Der andere Artikel[116] handelt auch von dem Verein Primavera Hilfe für Kinder in Not e. V. und spricht darüber, wie Bosch-Mitarbeiter den Kindern in der Not helfen. Die latente Aktualität des zweiten Artikels ist nach Meinung des Verfassers infrage zu stellen, da die Notwendigkeit, einer kleinen hilflosen Minderheit, den Kindern, zu helfen, nicht klar genug geäußert wird. Vielmehr geht es nur um Aktivitäten der Bosch-Mitarbeiter.

2. Relevanz

„Wachsen mit grüner Technik": Die herausstechenden Nachrichtenfaktoren sind: Ereigniswert, Prominenz, Verständlichkeit, Umsetzbarkeit in Bildern und Glaubwürdigkeit. Nicht enthalten ist Valenz.

Nach Meinung des Verfassers ist Konsonanz enthalten, wenn auch nicht im typischen Sinne. Messen haben etwas immer Wiederkehrendes. Struktur und Teile des Berichts können für jede Messe genutzt werden. Es geht um Produktneuheiten, Prominenz, Besucherzahlen und das positive Feedback.

„Asien boomt: Bosch mit Dynamik": Dieser Artikel erreicht als Aufmacher nicht die Mindestpunktzahl von zehn Punkten.[117] Lediglich Verständlichkeit konnte mit zwei Punkten bewertet werden, da der Inhalt gut zugänglich gemacht wird. Bei der Umsetzbarkeit in Bildern hätte noch ein Punkt gewonnen werden können. Die Nachricht wäre, mit einem Bild, das viele Krane vor der untergehenden Sonne zeigt, plastischer gewesen. Einen Punkt gewinnt dieser Artikel bei der Kategorie Ereigniswert, da er sich auf die Ankündigung des Vorstandsvorsitzenden Fehrenbach in Seoul bezieht. Der Artikel kann ferner nicht mit

---

[116] Bosch Zünder, Nr.6/2007, S. 1

[117] Es ist jedoch anzumerken, dass dieser Aufmacher im Gegensatz zu vielen anderen Mitarbeiterzeitschriften, aufgrund des zeitungsartigen Formats einen weitaus geringeren Umfang hat als Titelthemen anderer Mitarbeiterzeitschriften. Würde man den zweiten Aufmacher (Primavera in Brasilien) derselben Ausgabe hinzunehmen, würde das Resultat deutlich besser ausfallen. Ein direkter Vergleich zu anderen Mitarbeiterzeitschriften ist an dieser Stelle deswegen nicht machbar.

zwei Punkten bei Glaubwürdigkeit bepunktet werden, da die Wachstumsraten von 2000 bis 2006 geringer waren als in den fünf vorangegangenen Jahren 1995 bis 2000. Dem Leser wird nicht glaubwürdig genug kenntlich gemacht, weshalb Bosch überproportional wachsen wird.

3. Richtigkeit

„Wachsen mit grüner Technik": Weder die anwesende Bundeskanzlerin Merkel noch der VDA-Präsident Wissmann und Frankfurts Oberbürgermeister Roth werden in Form eines Zitats herangezogen, um den Bericht zu stützen.[118] Das Zitat „Das sieht toll aus, sehr professionell"[119] eines großen Automobilherstellers hätte von jeder beliebigen Person kommen können. Wegen des geringen Zusatznutzens des Zitats und der nicht genannten Person, obwohl es keinen Grund gibt, die Identität zu schützen, zählt dieses Zitat nicht als externe unabhängige Quelle.

„Asien boomt: Bosch mit Dynamik": Dieser Aufmacher enthält keine externe Quelle.

Das Quellenkriterium für Richtigkeit ist nicht erfüllt.

Logischer Fehler:

Ursprünglich:	Richtig:
Sehr zufrieden	Sehr zufrieden
Zufrieden	Zufrieden
Neutral	Neutral
Eher unzufrieden	**Unzufrieden**
Unzufrieden	**Sehr unzufrieden**

Tabelle 2: Bewertungsskala einer Umfrage[120]

Obige Bewertungsskala entstammt aus einer Befragung auf Seite 2 (Nr. 6 /2007) und enthält nach RAGERs Maßstab, einen logischen Fehler, in Bezug auf die Forderung, dass In-

---

[118] Vgl. Bosch Zünder, Nr. 5/2007, S. 1 und S. 11

[119] Bosch Zünder, Nr. 5/2007, S. 11

[120] Bosch Zünder, Nr. 6/2007, S. 2

formationen frei von logischen Widersprüchen sein müssen.[121] Führt man eine Befragung durch, sollte die Bewertungsskala beide Extreme, positiv wie negativ, gleichmäßig abdecken. So bekommen die 3% der scheinbar nur unzufriedenen Kunden die Möglichkeit mitzuteilen, ob sie nur unzufrieden oder sogar sehr unzufrieden sind.

4. Vermittlung

„Wachsen mit grüner Technik":

- Genre: Erwartungsgemäß umfassend wird über die IAA berichtet. Die Darstellungsform Bericht ist das richtige Genre.

- Grafische Unterstützung: Bilder neuer Produkte helfen dem Leser, sie sich besser vorstellen zu können.

„Asien boomt: Bosch mit Dynamik":

- Genre: Der Bericht hat die richtige Länge. Wie die Überschrift, so ist auch der Artikel kurz und knapp und dennoch ausführlich.

- Grafische Unterstützung: Eine Statistik bietet visuelle Unterstützung, um die im Text beschriebenen Proportionen besser einschätzen zu können.

Eindeutigkeit des Aufmachers: Der Seitenverweis bei dem Artikel „Wachsen mit grüner Technik" bringt den Leser unmissverständlich zum richtigen Artikel. Das Kriterium ist erfüllt.

Anzahl der Genres: Der Bosch Zünder verwendet im Schnitt sieben von acht Genres. Das Kriterium ist erfüllt.

---

[121] Rager, 1994, S. 200

4.2.2 autogramm (Volkswagen)

Volkswagen hat mit seinen 325 .000 Mitarbeitern im Jahr 2006 einen Umsatz von rund 105 Mrd. Euro erwirtschaftet.[122] Mit einer Auflage von knapp 80.000 Exemplaren erscheint die autogramm monatlich, in einem „Berliner Format" ähnlichen Format (307x468). Der Aufmacher bildet meistens mit Bild den Schwerpunkt einer Doppelseite. Bis zu vier Seiten werden für das Titelthema veranschlagt. Die autogramm soll eine Mischung zwischen Zeitung und Magazin darstellen.[123] Zur autogramm gehört auch eine Beilage für das Werk in Wolfsburg.

Die Aufmacherthemen der drei autogramm-Ausgaben sind folgende:

- „Traumpaar im Tiguan"[124]

- „Gold für den Tiguan"[125]

- „Herzlich Willkommen, Kaluga!"[126]

1. Aktualität

„Traumpaar im Tiguan": Dieser Artikel erfüllt nicht das Aktualitätskriterium. Dieses Ereignis, das Ende September stattfand,[127] war im Voraus bekannt. Der vollständige Artikel hätte im Voraus geschrieben und im letzten Moment bebildert werden können. Insofern hätte der Artikel noch in der Septemberausgabe erscheinen können.

„Gold für den Tiguan": Das Ereignis fand am 9. November statt – Kriterium erfüllt.

„Herzlich Willkommen, Kaluga": Dieser Aufmacher erfüllt nicht das Aktualitätskriterium. Dieses Ereignis fand im November statt. Weil dieses Ereignis im Voraus bekannt war, hätte auch hier die Redaktion diese Geschichte im Voraus planen und in letzter Minute bebildert ins Blatt nehmen können.

---

[122] http://www.volkswagenag.com/vwag/vwcorp/content/de/the_group/key-figures.html, 11.03.2008

[123] Vgl. Berg/ Kalthoff-Mahnke/ Wolf, 2007, S. 104

[124] autogramm, Nr. 10/2007, S. 7

[125] autogramm, Nr. 11/2007, S. 3

[126] autogramm, Nr. 12/2007, S. 3

[127] http://www.volkswagenag.com/vwag/vwcorp/info_center/de/news/2007/09/heidi_klum_and_seal.html, 03.03.2008

Latente Aktualität: Keines der in den drei autogrammausgaben behandelten Themen erfüllt das Kriterium, latente Themen aufzudecken.

2. Relevanz

„Traumpaar im Tiguan": Ein Aufmacher mit sehr starkem Nachrichtenwert. Es betrifft direkt die Marke Volkswagen. Sie bekommt neue Markenbotschafter. Der Bericht über die zwei Weltstars (Prominenz) als Markenbotschafter wird klar (Verständlichkeit) vermittelt.

„Gold für den Tiguan": Die Botschaft ist klar. Die Prämiierung der „Bild am Sonntag" (Ereigniswert) zum Wagen des Jahres (Valenz: Positivismus) wurde bildgerecht umgesetzt (Umsetzbarkeit in Bildern). Ferner kann dem Artikel ein hoher Gefühlswert, hier: Stolz bei den Mitarbeitern, beigemessen werden. Erwartungsgemäß ist der Faktor „Personalisierung" nicht vorzufinden.

„Herzlich Willkommen, Kaluga": Der Beginn der Montage in Russland ist ein Novum. Deswegen deutliche zwei Punkte bei Ereigniswert. Die Botschaft ist klar: Volkswagen will vor Ort den expandierenden russischen Markt abschöpfen. Der Aufmacher wurde mit gelungenen Bildern untermalt. Dieser Artikel enthält Positivismus (Valenz) in der Hinsicht, dass Volkswagen expandiert und die Arbeitsplätze durch stabiles Wachstum gesichert sind. Der Bericht wird ferner durch eine hohe Faktenlage unterstützt, was ihn sehr glaubwürdig macht. Die Information, dass ein neues Werk im Ausland in Betrieb genommen worden sei, betrifft besonders den Mitarbeiter in der Produktion. Insofern kann der Nachricht Nutzwert beigemessen werden.

3. Richtigkeit

„Traumpaar im Tiguan": „Das Presseaufgebot ist riesig."[128] So beginnt der Bericht über die neue Kampagne mit Heidi Klum und Seal. Jedoch kommen keine Pressestimmen oder andere externe Gruppen zu Wort. Die Zitate von Seal und Klum sind nicht als extern zu betrachten, da sie die Werbepartner für die Marke Volkswagen sind und folglich nicht unabhängig berichten.

---

[128] autogramm, 10/2007, S. 7

„**Gold für den Tiguan**": Als unabhängige Quelle wird in diesem Artikel die Jury der „Bild am Sonntag" erwähnt. Das Quellenkriterium ist erfüllt.[129]

„**Herzlich Willkommen, Kaluga!**": Die in diesem Bericht genannten externen Personen kommen nicht zu Wort. Ein Zitat in direkter oder indirekter Rede des Gouverneurs Artamonov wäre das Mindeste gewesen. Zitiert wird jedoch nur der Vorstand. Das Quellenkriterium ist nicht erfüllt.

Alle Aufmacher waren fehlerfrei und frei von logischen Fehlschlüssen.

4. Vermittlung

„**Traumpaar im Tiguan**":

- Genre: Die Redaktion berichtet umfassend über das Ereignis der Vorstellung der neuen Markenbotschafter von VW. Es leuchtet ein, dass eine Meldung, wegen seines geringen Umfangs, das falsche Genre gewesen wäre. Ferner ist ein Hintergrundbericht auszuschließen, da anzunehmen ist, dass die Kommunikationsabteilung ein Interesse daran hat, die Kommunikationsmaßnahmen der nächsten drei Jahre geheim zu halten.

- Grafische Unterstützung: Der Artikel bietet keine Grafiken. Es gibt jedoch keinen triftigen Grund, eine Grafik einzusetzen. Das Kriterium ist daher erfüllt.

„**Gold für den Tiguan**":

- Genre: Ähnlich wie beim vorherigen Bericht hat dieser Bericht einen hohen Ereigniswert. Ein Hintergrundbericht wäre nicht angemessen.

- Grafische Unterstützung: Auch in diesem Fall ist keine Grafik vorhanden, dafür aber ausdrucksstarke Bilder, die den Inhalt kenntlich machen, ohne dass man ihn lesen muss. Bevor der Leser anfängt zu lesen, hat er bildlich den Erfolg vermittelt bekommen. Infolgedessen unterstreichen die Bilder klar die Aussage.

„**Herzlich Willkommen, Kaluga!**":

- Genre: Dieser Bericht ist ähnlich umfangreich wie die beiden vorherigen Berichte und mit vielen Zahlen bestückt.

---

[129] Vgl. autogramm, Nr. 11/2007, S. 3

- Grafische Unterstützung: Dieser Artikel hat keine Grafiken. Grafiken hätten die Zuordnung der vielen Zahlen erleichtert. Ein ähnliches, aber positives Beispiel bietet die Folioausgabe 1/2008 mit einem Bericht in Osteuropa. Auf Seite 13 (Umsatzentwicklung der Branche) und Seite 16 (BIP im Jahres- und Ländervergleich) sind Beispiele, wie die Redaktion besser hätte zeigen können, dass Russland ein Boommarkt ist. Auch wenn das Augenmerk auf der Einweihung lag, hätte eine solche Grafik leichter verständlich gezeigt, weshalb VW in Russland expandiert.

Eindeutigkeit des Aufmachers: Große Bilder machen den Aufmacher klar erkennbar. Der Seitenverweis bei allen drei Artikeln führt den Leser unmissverständlich zur richtigen Seite. Das Kriterium ist erfüllt.

Anzahl der Genres: Die autogramm verwendet im Schnitt rund sechs von acht Genres. Das Kriterium ist erfüllt.

4.2.3 kontakt (ABB)

Die „kontakt" ist die Mitarbeiterzeitschrift von ABB, einem Unternehmen das im Bereich Energie- und Automationstechnik tätig ist. Es hat 10.500 Mitarbeiter in Deutschland.[130]

Die Mitarbeiterzeitschrift erschien 1950 zum ersten Mal und hat heute eine Auflage von 17.000 Exemplaren.[131] Das DIN- A4-formatige Magazin erscheint alle drei Monate mit einem Umfang von 40 Seiten.[132] „Der *kontakt* versteht sich als Hintergrundmagazin und Ergänzung zur Online-Kommunikation."[133]

Die „kontakt" hat folgende drei Aufmacher.

- „Energie effizient nutzen"[134]

- „Junge Talente für die Zukunft"[135]

- „Frischer Wind, stürmisches Wachstum"[136]

---

[130] http://www.abb.de/cawp/deabb200/ae311748d2b15738412567aa00648bd1.aspx, 21.02.2008; (Weltweit sind es rund 111'000 Mitarbeiter in 100 Ländern.) Vgl. Berg/ Kalthoff-Mahnke/ Wolf, 2007, S. 106

[131] http://www.abb.com/cawp/seitp202/4caf80cd03b3f8c7c12571c4004e4a03.aspx, 21.02.2008

[132] Vgl. Berg/ Kalthoff-Mahnke/ Wolf, 2007, S. 106

[133] Berg/ Kalthoff-Mahnke/ Wolf, 2007, S. 106

[134] kontakt, Nr. 1/2007, S. 16

1. Aktualität

„Energie effizient nutzen": Es wird nicht aus einem aktuellen Anlass heraus berichtet. Darüber hinaus gibt es keinen konkreten Anlass, gerade jetzt über Effizienz beim Energieverbrauch zu sprechen. Dass dieses Thema wichtig ist und die Zukunft prägen wird, ist klar. Hier fehlt es dem Thema an Inhalt über die nahe Zukunft, um aktuell zu sein.

„Junge Talente für die Zukunft": Dieser Hintergrundbericht nimmt die Einstellung von 402 Auszubildenden als Ereignis, um über Fakten und die Bildungsmöglichkeiten bei ABB sowie die Auszubildensituation in Deutschland zu berichten. Über das Ereignis wird aktuell berichtet. Der Einstellungsprozess hat einige Wochen gedauert, und nun besteht die Möglichkeit, in dieser Ausgabe umfassend darüber zu berichten.[137]

„Frischer Wind, stürmisches Wachstum": In diesem Hintergrundbericht geht es um Planungen von Offshore-Windparks bis zum Jahre 2010. Die Redaktion berichtet aus einem aktuellen Anlass. Damit ist das Aktualitätskriterium erfüllt.

Eine von drei Ausgaben hat einen Artikel mit **latenter Aktualität**. Das Thema Burn Out findet in der Öffentlichkeit kaum bis gar keine Aufmerksamkeit. Wie bei anderen Krankheiten fängt man erst an, sich dafür zu interessieren, wenn man selbst betroffen ist, sei es direkt oder indirekt, weil Arbeitskollegen oder Verwandte betroffen sind. Das Thema zu erwähnen und wie man vorbeugend handelt, gibt der Nachricht latente Aktualität.

2. Relevanz

„Energie effizient nutzen":

Dieser Hintergrundbericht vermittelt Wissen und beruht nicht auf einem Ereignis. Dementsprechend wenig bis gar nicht sind die Faktoren Ereigniswert, Prominenz und Valenz ver-

---

[135] kontakt, Nr. 4/2007, S. 18

[136] kontakt, Nr. 1/2008, S. 20

[137] Da die Ausgabe Nr. 1/2008 bereits im Dezember 2007 veröffentlicht wurde (siehe: Impressum Nr. 4/2007), ist davon auszugehen, dass diese Ausgabe im September veröffentlicht wurde und zum Zeitpunkt der vorhergehenden Ausgabe die Einstellungen noch nicht begonnen, geschweige denn abgeschlossen gewesen wären.

treten, da diese gerade für Ereignissen wichtig sind. Aufgrund der Neutralität des Artikels (er hätte leicht abgewandelt auch in einer klassischen Publikumszeitschrift stehen können), hat dieser Hindergrundbericht einen hohen Glaubwürdigkeitsgrad.

Wegen der umfassenden Informationsfülle, die professionell aufbereitet wurde (Verständlichkeit), wird dem Hintergrundbericht ein hoher Nutzwert zugesprochen.

„Junge Talente für die Zukunft": Da es sich um einen alljährlichen Einstellungsprozess handelt, ist kein Ereigniswert vorhanden. Umso besser kann der Faktor Konsonanz (Kontinuität) punkten. Die Umsetzbarkeit in Bildern wird auch mit zwei Punkten bewertet. Der „neue Lebensabschnitt", wie ihn die Redaktion nennt, wird mit drei relativ großen Bildern dargestellt, auf denen junge Läufer in den drei Startpositionen (Ready – Set – Go!) zu sehen sind. Dabei ist die Trennlinie, hinter der jeder Läufer vor dem Start sein muss, gut erkennbar. Der Artikel wirkt besonders mit den Steckbriefen der Auszubildenden sehr authentisch, was ihm eine erhöhte Glaubwürdigkeit verschafft.

„Frischer Wind, stürmisches Wachstum": Die Redaktion erbringt mit diesem Artikel vor allem Aufklärungsarbeit als Teil des Nachrichtenfaktors Nutzwert. Die Stärken des Artikels sind die eindrucksvollen Bilder der riesigen Offshore-Windräder (Umsetzbarkeit in Bildern) und die hinzugefügten Grafiken, die zur Verständlichkeit beitragen.

3. Richtigkeit

„Energie effizient nutzen": Dieser Bericht nennt vier unabhängige Quellen: Bundeskanzlerin Merkel über den Energiegipfel im Oktober,[138] aber auch vier weitere unabhängige Internetadressen (www.bmu.de/energieeffizienz, www.bmwi.de/BMWi/Navigation/energie, www.dena.de, www.wbcsd.org).[139]

„Junge Talente für die Zukunft": Es werden drei externe Quellen genannt. Die DIHK, die Bundesbildungsministerin Annette Schavan[140] und Annette Heim, Leiterin der Aus- und Weiterbildung bei Pepperl+Fuchs.[141]

---

[138] kontakt, Nr. 1/2007, S. 20

[139] kontakt, Nr. 1/2007, S. 22

[140] kontakt, Nr. 4/2007, S. 19

[141] kontakt, Nr. 4/2007, S. 20

„**Frischer Wind, stürmisches Wachstum**": Dieser Bericht zitiert fünf Quellen. Eine ist nicht zulässig, da sie von ABB stammt. Die vier anderen Quellen[142] sind zulässig. Das Quellenkriterium ist erfüllt.

Die Aufmacher enthalten ferner keine Fehler oder logischen Fehlschlüsse.

4. Vermittlung

„**Energie effizient nutzen**":

- Genre: Auf sieben Seiten berichtet das Titelthema, wie Energie effizient genutzt werden kann. In Anbetracht der vielen Hintergrundinformationen erscheinen sieben Seiten nicht aufgebläht. Das Genre passt zu den vermittelten Inhalten.

- Grafische Unterstützung: Gestützt werden die Artikel mit drei Grafiken.[143] Das Kriterium ist erfüllt.

„**Junge Talente für die Zukunft**":

- Genre: Diese Informationen werden in Form eines Hintergrundberichts präsentiert. Die Darstellungsform eignet sich, wegen der vielen Aspekte, die in diesem Hintergrundbericht abgedeckt werden. Das Genre passt zu den zu vermittelnden Inhalten.

- Grafische Unterstützung: Eine Grafik bietet einen Überblick, wo in Deutschland wie viele neue Lehrlinge eingestellt wurden. Das Kriterium ist erfüllt.

„**Frischer Wind, stürmisches Wachstum**":

- Genre: Auch der dritte Aufmacher ist ein Hintergrundbericht. Er beschäftigt sich mit den Offshore-Windparks und deren Verkabelung sowie dem Innenleben eines Windrads.

- Grafische Unterstützung: Drei Grafiken[144] und ein eindrucksvolles Einstiegsbild[145] erfüllen das Kriterium vollständig.

---

[142] www.dewi.de; www.ewea.org und www.windkraft.de

[143] kontakt, Nr. 1/2007, S. 17f

[144] kontakt, Nr. 1/2008, S. 22, S. 24f

[145] kontakt, Nr. 1/2007, S. 20f

Eindeutigkeit des Aufmachers: Das Titelbild ist immer das Aufmacherthema. Das Inhaltsverzeichnis und die gleiche Überschrift in der Ausgabe, lassen den Aufmacher klar hervorstechen.

Anzahl der Genres: Die kontakt verwendet durchschnittlich rund sieben von acht Genres. Das Kriterium ist erfüllt.

4.2.4 Clartext (Clariant)

Clartext heißt die Mitarbeiterzeitschrift für „Clariant in Deutschland." Die Clariant Verwaltungsgesellschaft mbH hat ihren Sitz in Sulzbach. Die Muttergesellschaft hat einen Umsatz von 8,1 Mrd. Clariant in Deutschland beschäftigt 5.000 Menschen.[146]

Die Clartext, das Mitarbeitermagazin für Clariant in Deutschland,[147] wurde im Sommer 1997 gegründet, erscheint quartalsweise mit einer Auflage von 9.500 Stück und hat einen Seitenumfang von 40 Seiten im DIN- A4- Format.[148] Im Mittelpunkt jeder Ausgabe steht ein Schwerpunktthema, das 12 bis 16 Seiten umfasst, aus mehreren Beiträgen besteht und aus unterschiedlichen Blickwinkeln beleuchtet wird.[149]

Dies sind die Aufmacher der drei Ausgaben:

- „Masterbatches im Automobil und beim Kunden"[150]

- „Klimaschutz"[151]

- „Einkauf bei Clariant"[152]

---

[146] http://www.chemie.de/lexikon/d/Clariant, 19.02.2008;
http://www.clariant.de/e2wportal/de/internet.nsf/vwWebPagesByID/B88715C275890FF0C12570110041B7A0,
25.02.2008

[147] So lautet der Untertitel der Mitarbeiterzeitschrift Clartext.

[148] Vgl. Berg/ Kalthoff-Mahnke/ Wolf, 2007, S. 102

[149] Vgl. Berg/ Kalthoff-Mahnke/ Wolf, 2007, S. 102

[150] Clartext, Nr. 2/2007, S. 14

[151] Clartext, Nr. 3/2007, S. 6

[152] Clartext, Nr. 4/2007, S. 6

1. Aktualität

„Masterbatches im Automobil und beim Kunden": Dieser Aufmacher beschäftigt sich mit den Kunststoffgranulaten Masterbatches. Es wird dem Leser nicht verdeutlicht, weshalb gerade dieses Thema jetzt aktuell ist. Das Aktualitätskriterium trifft nicht zu.

„Klimaschutz": Dieser Hintergrundbericht beschäftigt sich mit einem Thema, das für die Menschheit in den nächsten Jahren an Bedeutung gewinnen wird. Sowohl im privaten als auch im geschäftlichen Leben spielt der Klimaschutz eine immer bedeutendere Rolle. Der Artikel, der sowohl Clariant beleuchtet als auch die Aktivitäten der Clariant- Mitarbeiter, wird mit aktuellen wissenschaftlichen Berichten gestützt und zeigt, wie jeder Einzelne umweltbewusster leben kann. Das Aktualitätskriterium trifft zu.

„Einkauf bei Clariant": Dieser Aufmacher beleuchtet sehr tiefgründig die Abteilung Einkauf aus verschiedenen Perspektiven. Dennoch ist nicht kenntlich, worin in diesem Artikel der Aktualitätsbezug liegt. Das Aktualitätskriterium ist nicht erfüllt.

Ferner wurden keine Themen mit latenter Aktualität gefunden.

2. Relevanz

„Masterbatches im Automobil und beim Kunden": Dieser Aufmacher erfüllt viele Kriterien der Nachrichtenfaktoren nicht zu einem befriedigenden Grad. Eine deutliche Stärke ist dennoch, dass ein sehr technisches Thema stark personalisiert wird. Mitarbeiterzitate wären nicht notwendig gewesen, und dennoch belebt die Redaktion dieses trockene Thema durch Kommentare der Zitate. Dies stärkt zudem die Glaubwürdigkeit, die wegen der Neutralität des Themas bereits sehr hoch ist.

„Klimaschutz": Das Thema Klimaschutz wurde, was die Bebilderung (Umsetzbarkeit in Bildern) und die Faktenlage (Glaubwürdigkeit) betrifft, gut umgesetzt. Auf die Bedeutsamkeit des Themas selbst und seine Folgen bei Nichtbeachtung (Gefühlswert) wird hingewiesen. Ziel der Redaktion war es, die Klimadiskussion auf den aktuellen Stand zu bringen. Anhand zahlreicher Grafiken gelingt es der Redaktion, den Mitarbeiter gut zu informieren (Verständlichkeit; Nutzwert).

„Einkauf bei Clariant": Die Stärken dieses Aufmachers sind der hohe Personalisierungsgrad und die Verständlichkeit. Dank einer doppelseitigen Grafik werden für den Laien komplizierte Sachverhalte gut vermittelt. Trotz der Tatsache, dass sich der Bereich „Einkauf" schlecht mit eindrucksvollen Bildern bestücken lässt, ist es der Redaktion gelungen, über eine abstrakte Bebilderung Aussagen zu vermitteln. Nimmt man noch die gute Grafik hinzu, ist der Faktor „Umsetzbarkeit in Bildern„ erfüllt.

3. Richtigkeit

„Masterbatches im Automobil und beim Kunden": Es werden keine externen Quellen genannt. Das Quellenkriterium ist also nicht erfüllt.

„Klimaschutz": Die im Bericht gelieferten Informationen werden von externen Quellen gestützt. Dazu gehören die Wissenschaftler des Intergovernmental Panel on the Climate Change (IPCC),[153] das Umweltbundesamt (UBA)[154] und Claudia Kemfert vom Deutschen Institut für Wirtschaftsforschung (DIW).

„Einkauf bei Clariant": Auch hier werden keine externen Quellen genannt. Das Quellen-kriterium ist nicht erfüllt.

Ferner wurden keine Fehler oder logischen Fehlschlüsse in den Aufmachern vorgefunden.

In der Dimension „Richtigkeit" kommt es immer wieder vor, dass das Zwei-Quellen Prin-zip nicht gewahrt wird. Beispielsweise in der Ausgabe Nr. 3/2007, bei der es wirklich bri-sant ist, steht zum Thema Klimawandel folgendes:" …sind sich die führenden Wissen-schaftler doch weitgehend einig: Das globale Klima heizt sich auf, und zu einem großen Teil ist der Mensch dafür verantwortlich."[155] Wenn 16 Seiten über Klimaschutz geschrie-ben werden, sollte man der journalistischen Richtigkeit halber, „Kritikern" Raum lassen um sie zu Wort kommen zu lassen, selbst wenn der Schwerpunkt darauf abzielt, zu zeigen, dass sich das Klima erwärmt. Zum einen sind sich die Wissenschaftler, wie der Artikel schon sagt, über die globale Erwärmung nicht ganz einig. Zum anderen ist noch viel frag-würdiger, wie sehr der Mensch für diese Entwicklung verantwortlich ist. Dies könnte mit geringem zusätzlichen Aufwand verbessert werden. Dem Leser sollte erläutert werden, wer die Wissenschaftler sind und für welches Institut sie arbeiten.

---

[153] Clartext, Nr.3/2007, S. 7-9

[154] Clartext, Nr.3/2007, S. 9

[155] Clartext, 3/2007, S. 13

4. Vermittlung

„Masterbatches im Automobil und beim Kunden":

- Genre: Auch wenn fraglich ist, ob der Mitarbeiter an dem Thema Masterbatches interessiert ist, das nahezu die Hälfte aller Seiten belegt, so ist das Genre der beiden Artikel „Masterbatches im Automobil" und „Masterbatches beim Kunden" richtig gewählt. Gerade letzterer ist im Reportagestil sehr gelungen. Das Kriterium trifft zu.

- Grafische Unterstützung: Grafisch wird der Artikel von Bildern gestützt, die zeigen, wo Masterbatches vorkommen.[156] Das Kriterium ist erfüllt.

„Klimaschutz":

- Genre: Das Thema Klimaschutz wird im ersten Artikel („Kurz vor der Heißzeit") des Hauptthemas in Form eines Hintergrundberichts dargestellt. Der nächste Bericht zeigt, wie Clariant- Mitarbeiter positiv zur Klimaerholung beitragen. Die Genres sind passend und gut umgesetzt.

- Grafische Unterstützung: Vier verschiedene Grafiken sind im ersten Bericht, wo es um Aufklärung geht, vorhanden. Der zweite Bericht verwendet keine. Sie sind hier auch nicht notwendig. Das Kriterium ist erfüllt.

„Einkauf bei Clariant":

- Genre: Dieser Artikel wurde als Reportage verfasst. Der Protagonist wechselt von einem Mitarbeiter zum anderen und erklärt so die Tätigkeiten im Einkauf. Dieser Ansatz macht das relativ statische Thema lebendig. Das Kriterium ist erfüllt.

- Grafische Unterstützung: Mit einer doppelseitigen Grafik wird der ganze Prozess visuell dargestellt,[157] was sehr zur Verständlichkeit beiträgt. Das Kriterium ist erfüllt.

Eindeutigkeit des Aufmachers: Das Titelbild ist der Aufmacher. Das Inhaltsverzeichnis zeigt unmissverständlich, wo das Titelthema zu finden ist. Das Titelthema besteht aus drei Unterthemen; das Hauptthema ist das, was auf dem Titelbild zu erkennen ist. Ausgabe Nr. 3/2007 titelt „Klimaschutz" und zeigt einen Clariant- Radfahrer. Ein Unterthema lautet:

---

[156] Clartext, Nr. 2/2007, S. 6.8.9.11.13

[157] Clartext, 4/2007, S. 14f

„Man muss etwas tun", bei dem Mitarbeiter gezeigt werden, wie sie die Umwelt schützen. Dort taucht der Radfahrer wieder auf. Das Eindeutigkeitskriterium ist erfüllt.

Anzahl der Genres: Die Clartext verwendet im Schnitt rund sieben von acht Genres. Das Kriterium ist erfüllt.

4.3 Die zweiten Plätze beim „inkom. Grand Prix 2006"

4.3.1 Folio (Evonik)

Evonik ist ein internationaler Industriekonzern in den Branchen Chemie, Energie und Immobilien. Das Unternehmen hat einen Umsatz von 10,8 Mrd. Euro und rund 43.000 Mitarbeiter.[158] Die Folio hat einschließlich den Landesausgaben (15.000 Exemplare) eine Auflage von 60.000 Exemplaren. Die deutsche Ausgabe hat einen Umfang von 40 Seiten wozu noch ein vier bis acht Seiten umfassender Regionalteil gehört. Die Landesausgaben umfassen 20 Seiten sowie vier Zusatzseiten für jede Region.

Folgende Aufmacher werden betrachtet:

- „Der Markt vor der Haustür"[159]
- „Wissen – Rohstoff mit Zukunft"[160]

1. Aktualität

„Der Markt vor der Haustür": Der Bericht aus Russland basiert nicht auf einem Ereignis, sondern auf einem wichtigen Trend für Evonik. Es handelt von dem Marktpotenzial, das Russland bietet, und das teils sogar, wie ALBRECHT behauptet,[161] von Evonik geschaf-

---

[158] http://corporate.evonik.de/de/company/at-a-glance/index.html, 18.03.2008; http://corporate.evonik.de/de/press/press-releases/2007/071128_pm_quartalszahlen.html?ret=%2Fde%2Fdownload-center%2Findex.html%3Fquery%3D%26monthstart%3D%26yearstart%3D%26monthend%3D%26yearend%3D%26area%3D%26topic%3Dfinance%26doctype%3D%26subdoctype%3D%26sort%3D%26advanced%3D%26searchPage%3D%26startSearch%3Dtrue%26scope%3D, 18.03.2008

[159] Folio, Nr. 01/2008, S. 12

[160] Folio, Nr. 02/2008, S. 12

[161] Vgl. Folio, Nr. 01/2008, S. 16f

fen wurde. Für die Evonik- Mitarbeiter hat dieses Thema Aktualität, da es von den Zu-
kunftsperspektiven des Unternehmens in wachsenden Märkten spricht.

„Wissen – Rohstoff mit Zukunft": Der Bericht über „Wissen" erfüllt nicht das Aktualitätskriterium. Er beschreibt keinen Trend, der wichtig für die Mitarbeiter ist. Eine direkte
Ereignisaktualität ist auch nicht vorhanden. So klingt das Zitat vom Leiter des betrieblichen Vorschlagswesens, Bernemann, „Durch Mitarbeiterideen haben wir im Jahr 2006 insgesamt 3,7 Millionen Euro einsparen können" in der Ausgabe vom Februar 2008 ein wenig
veraltet. Der Leser fragt sich zwangsläufig, was im Jahr 2007 war. Das Aktualitätskriterium trifft nicht zu.

Latente Aktualität ist in keiner der beiden Ausgaben vorhanden.

2. Relevanz

„Der Markt vor der Haustür": Eine hohe Personalisierung und Verständlichkeit aufgrund der geringen Komplexität des Themas und der grafisch dargestellten Statistiken, sowie die gute Umsetzbarkeit in Bildern lassen den Artikel gut punkten. Das Thema Wirt-
schaftswachstum im Osten, in Asien oder in Indien ist ein allgemein bekanntes Thema
weshalb das Kriterium Konsonanz im Sinne von Kontinuität zutrifft.

„Wissen – Rohstoff mit Zukunft": Der Aufmacher beginnt mit einem fast doppelseitigen
Bild, auf dem ein Laborant zu sehen ist. Die Bildunterschrift jedoch verschweigt, wer der
dort abgebildete Mitarbeiter ist. Gleiches wiederholt sich auf der Folgeseite. Im Bericht
tritt der Mitarbeiter nicht besonders in den Vordergrund (Personalisierung). Nicht vorzufinden sind Ereigniswert, Gefühlswert und Prominenz, was auch nicht zu erwarten war.
Ferner kann dieser Artikel als informativ eingestuft werden, für eine starke Ausprägung
des Nutzwerts fehlt es jedoch an Praxisbezug für die Mitarbeiter des Chemie-, Energie-
und Immobilien- Unternehmens.

3. Richtigkeit

„Der Markt vor der Haustür": Dieser Bericht enthält keine externen Quellen und erfüllt nicht das Quellenkriterium.

„Wissen – Rohstoff mit Zukunft": Auch in diesem Bericht sind keine externen Quellen erwähnt. Das Quellenkriterium ist nicht erfüllt.

4. Vermittlung

„Der Markt vor der Haustür":

- Genre: Das Thema wurde als Hintergrundbericht umgesetzt und entspricht den Bedürfnissen, klar und umfassend zu berichten.

- Grafische Unterstützung: Durch grafische Elemente[162] wird der Hintergrundbericht verständlicher.

„Wissen – Rohstoff mit Zukunft":

- Genre: Auch dieser Aufmacher besteht aus einem Hintergrundbericht. Es gibt keine logischen Einwände, weshalb eine andere Darstellungsform dieser vorgezogen werden sollte.

- Grafische Unterstützung: Es sind keine Grafiken vorhanden. Zur besseren Verständlichkeit hätte keine Grafik hinzugefügt werden müssen. Das Kriterium ist demnach erfüllt.

Eindeutigkeit des Aufmachers: Das Titelbild ist der Aufmacher, der sich klar im Inhaltsverzeichnis unter „Titelstory" identifizieren lässt. Das Eindeutigkeitskriterium ist erfüllt.

Anzahl der Genres: Die Folio verwendet im Schnitt rund sieben von acht Genres. Das Kriterium ist erfüllt.

4.3.2 O.Ton (O2)

O2 ist eine Tochtergesellschaft von Telefónica und erreichte im Jahr 2007 mit Telefónica Deutschland einen Umsatz von 3,5 Mrd. Euro.[163] O2 hat 4.700 Mitarbeiter. Die Mitarbei-

---

[162] Folio, Nr. 1/2008, S. 13.16

[163] http://www.de.o2.com/ext/standard/index?page_id=13692&state=online&style=standard&popup=0, 13.03.2008

terzeitschrift ist in drei Rubriken unterteilt: Weitblick, Status und Kultur. Die Rubrik „Weitblick" gibt Auskunft über die strategische Ausrichtung des Unternehmens sowie Marktperspektiven. „Status" ist der Teil wo über aktuelle Projekte und Produktlaunches oder Messeauftritte berichtet wird. Die Rubrik „Kultur" soll darstellen, „wer die Mitarbeiter von O2 sind".[164] „In einem City-Guide stellen beispielsweise Kollegen aus den Niederlassungen ihre Stadt vor."[165]

Der O.ton hat folgende Aufmacher:

- Einfach und fair (Tarifstruktur)[166]

- Den Kunden im Blick[167]

- Veränderungen nutzen[168]

1. Aktualität

„Einfach und fair": Der Bericht über die neue Tarifstruktur ist nicht aktuell, da diese Informationen in der Mitarbeiterzeitschrift über das vierte Quartal 2006 hätten platziert werden müssen. Das Aktualitätskriterium trifft nicht zu.

„Den Kunden im Blick": Dieser Aufmacher ist nicht aktuell. Er berichtet über das Beratungstool „Next Best Activity" (NBA), das es schon seit 2004 gibt.

„Veränderungen nutzen:": Der Aufmacher ist klar bei einem Ereignis, nämlich dem der Strukturierungsmaßnahmen zu einer anderen Formation. Es geht um aktuelle Investitionen, Reduktionen der Belegschaft und Änderungen in den Arbeitsabläufen, die die nahe Zukunft betreffen. Das Aktualitätskriterium trifft zu.

Latente Aktualität konnte in keiner der drei Ausgaben gefunden werden.

---

[164] Vgl. Berg; Kalthoff-Mahnke; Wolff, 2007, S. 110

[165] Berg; Kalthoff-Mahnke; Wolff, 2007, S. 110

[166] O.ton, Nr. 1/2007, S. 14

[167] O.ton, Nr. 2/2007, S. 12

[168] O.ton, Nr. 3/2007, S. 12

2. Relevanz

„Einfach und fair": Zunächst einmal hat der Aufmacher einen durchschnittlichen Ereigniswert, weil er sich auf die im Weihnachtsgeschäft gestarteten Tarifstruktur bezieht. Ferner bietet er durch die Aufklärungsarbeit für die Mitarbeiter einen hohen Nutzwert. Die externen Quellen in dem Artikel stützen die gelieferten Informationen und sorgen zusätzlich für eine hohe Glaubwürdigkeit. Ferner erreicht der Aufmacher eine hohe Personalisierung, da oft Mitarbeiter zitiert werden. Der Faktor Umsetzbarkeit in Bildern hätte mit einer Tariftabelle für eine bessere Übersicht und damit schnelleren Vergleichbarkeit gesorgt. Ferner ist das Hauptbild auf S. 14 zwar gelungen, aber nicht sehr aussagekräftig. Besser wäre eine überfüllte O2-Filiale während eines Weihnachtsmarkts gewesen. Daher erhält der Faktor Umsetzbarkeit in Bildern trotz des hohen Grades an Verständlichkeit nur einen Punkt.

„Den Kunden im Blick": Der Bericht über Next Best Activity (NBA) punktet durch seinen Nutzwert. Ausschlaggebend für diese Bewertung ist, dass dem Leser zunächst anhand eines Beispiels (das Computerprogramm gibt an, dass ein 72-jähriger Kunde Handyspiele möchte) gezeigt wird, welches Potenzial dieses Computerprogramm hat. Der einfach verständliche Artikel hat, wie der vorhergehende, einen hohen Personalisierungsfaktor. So wie der Artikel geschrieben ist, scheint er einen hohen Grad an Glaubwürdigkeit zu haben. Das schon erwähnte Beispiel scheint nicht übertrieben. Eine bessere Beweisführung ist wohl in diesem Fall nicht möglich.

„Veränderungen nutzen": Auch dieser Aufmacher birgt einen hohen Nutzwert, da er die Mitarbeiter nicht nur über den Netzausbau informiert, sondern darüber hinaus über die Prozess- und Strukturveränderungen aufklärt. In diesem Artikel wäre eine grafische Übersicht sehr passend gewesen. Bei diesem Aufmacher hätte man sich mehr Text gewünscht. Es ist fraglich, ob der durchschnittlich informierte Mitarbeiter den Satz „Wenn sich der Arbeitsschwerpunkt vom Rollout in der Fläche zum Kapazitäts- und Qualitätsmanagement hin verschiebt, sind wir dafür schon gut aufgestellt."[169] überhaupt versteht. Nichtsdestotrotz bleibt die Redaktion ihren Vorgaben treu, den Mitarbeitern möglichst viel Platz einzuräumen.

---

[169] O.ton, Nr. 3/2007, S. 12f.

3. Richtigkeit

„Einfach und fair": Mit der TV Movie, der Teltarif und der Connect Zeitschrift werden drei externe Quellen genannt,[170] die den Aufmacher in seiner Aussage stützen. Das Richtigkeitskriterium ist klar erfüllt.

„Den Kunden im Blick": Dieser Artikel bietet bis auf von Shopmanager zitierte Kundenfeedbacks und einem Verweis aus dem Intranet keine weiteren Quellen. Beide Quellen erfüllen jedoch nicht das Unabhängigkeitskriterium und sind daher nicht gültig. Das Richtigkeitskriterium trifft nicht zu.

„Veränderungen nutzen": Der Aufmacher enthält keine externen Quellen und erfüllt somit nicht das Richtigkeitskriterium.

4. Vermittlung

„Einfach und fair":

- Genre: Umfassend wird über die neu eingeführten Tarife berichtet. Der Artikel ist sehr angenehm zu lesen. Ein kürzerer Text wäre möglich, ist aber nicht zwingend nötig. Das Kriterium ist erfüllt.

- Grafische Unterstützung: Der Artikel bietet keine grafische Gestaltung oder Tabelle als Übersicht über die Tarife. In diesem Artikel ist der unten angegebene Intranet-Link zu den Tarifen ausreichend. Außerdem werden die Tarife nicht vorgestellt, sondern es wird das Prinzip „einfach und fair" hinter den Tarifen erklärt. Das Kriterium ist erfüllt.

„Den Kunden im Blick":

- Genre: Als Bericht eignet sich der Artikel, in dem das Next Best Activity-Beratungstool vorgestellt wird. Jede umfassendere Darstellungsform wäre unnötig, jede kürzere wäre zu kurz gefasst. Das Kriterium trifft zu.

- Grafische Unterstützung: Es ist kein grafisches Element vorhanden. Es ist auch keines verlangt. Das Kriterium ist erfüllt.

---

[170] Vgl. O.ton, Nr. 1/2007, S. 16

„Veränderungen nutzen":

- Genre: Die Darstellungsform Bericht für den Artikel über den Veränderungsprozess bei O2 ist ausreichend.

- Grafische Unterstützung: Zur besseren Verständlichkeit über die tatsächlichen Veränderungen hätte dennoch beispielsweise eine „Vorher/Nachher-Grafik" hinzugefügt werden sollen, um konkreter zu zeigen, was sich denn geändert hat.

Eindeutigkeit des Aufmachers: Das Titelbild setzt den Aufmacher. Die Aufmacher sind nicht immer klar in der Zeitschrift wiederzuerkennen. Die Überschrift der Ausgabe Nr. 3/2007 lautet: „Veränderungen nutzen", im Inhaltsverzeichnis „Ausbau:" und im Artikel auf Seite zwölf selbst „In neuer Formation ein stärkeres Team". Allein an den Unterüberschriften und der Bebilderung war eine Orientierung möglich. Die Aufmacher sind erkennbar, auch wenn sie zum Teil schwer zu lokalisieren waren. Das Kriterium ist erfüllt.

Anzahl der Genres: Der O.ton verwendet vier von acht Genres. Das Kriterium ist nicht erfüllt.

4.3.3 Das Beste (HVB)

Die HypoVereinsbank ist mit ihren rund 20.500 Mitarbeitern Teil der UniCredit Group, die über 170.000 Mitarbeiter beschäftigt.[171] „Das Beste" erscheint alle zwei Monate mit einer Auflage von 36.000 Stück (deutschsprachig).[172] Der Aufmacher besteht aus einem Schwerpunktthema mit einem Seitenumfang von ungefähr zwölf Seiten, der sich aus einzelnen Artikeln zusammenstellt. Dabei soll sich auf eine Nachricht, die Erste, beschränkt werden (zwei DIN-A4-Seiten), um diese Mitarbeiterzeitschrift mit den anderen vergleichbar zu halten.

---

[171] http://about.hypovereinsbank.de/cms/aboutus/zahlenundfakten/mitarbeiter.html, 04.03.2008 ;
http://www.unicreditgroup.eu/DOC/jsp/navigation/gruppo_content.jsp?parCurrentId=0b00303980002313&parCurrentPage=unicredit_in_breve.html&parLocale=en, 11.03.2008

[172] Berg /Kalthoff-Mahnke/ Wolf, 2007, S. 112

Die Aufmacher lauten folgendermaßen:

- „Es lebe der Sport!"[173]

- „Werte auf dem Prüfstand"[174]

- „Hauptsache Event"[175]

Die Aufmacher „Es lebe der Sport!" und „Hauptsache Event" bestehen aus vielen Einzelartikeln, die für sich betrachtet nicht den Aufmacher wiedergeben und insgesamt zu umfassend sind. Aus diesem Grund wurden an dieser Stelle die ersten drei Unterartikel für „Es lebe der Sport!" (sieben Seiten) und die ersten beiden Unterartikel für „Hauptsache Event" (acht Seiten) gewählt.

1. Aktualität

„Mit der Bank am Ball" und „Das Wir-Gefühl macht's aus" und „Ein Tag im Club": Keiner der dort präsentierten Artikel hat Gegenwartsbezug. Es geht um historische Entwicklung diverser Vereine bei der HVB sowie das Sportengagement und sportliche Aktivitäten der Mitarbeiter. Diese drei Artikel entsprechen nicht dem Aktualitätskriterium.

„Werte auf dem Prüfstand": Diese Nachricht berichtet in der Oktober Ausgabe über das Ereignis Integrity Charter Day, das am 20.09. stattfand. Das Aktualitätskriterium ist erfüllt.

„Im Rampenlicht" und „Flaggschiffmaßnahmen und Sonderthemen": Hier wird mit Ende des Jahres 2007 auf die PR-Maßnahmen und die Flaggschiffmaßnahmen für das kommende Jahr aufmerksam gemacht. Die Nachricht ist aktuell.

Latente Aktualität war in keiner der drei Ausgaben der Mitarbeiterzeitschrift vorzufinden.

---

[173] Das Beste, Nr. 4/2007, S. 10

[174] Das Beste, Nr. 5/2007, S. 10

[175] Das Beste, Nr. 6/2007, S. 10

2. Relevanz

„Mit der Bank am Ball" und „Das Wir-Gefühl macht's aus" und „Ein Tag im Club":
Die Berichte über Sport Clubs der HVB oder die sportlichen Aktivitäten von Mitarbeitern
hat erwartungsgemäß einen sehr hohen Personalisierungsgrad und ist leicht verständlich.
Weil das Thema Betriebssport kein Konfliktpotenzial bietet und sehr authentisch ist, kann
von einer hohen Glaubwürdigkeit die Rede sein. Ein durchschnittlicher Nutzwert ist den
Artikeln auch zuzuschreiben. So ist es für Anfänger interessant zu wissen, wo sie sich
sportlich engagieren können. Gefühlswert ist auch durchschnittlich vorhanden. Besonders
das Gemeinschaftsgefühl kommt immer wieder zur Sprache.

„Werte auf dem Prüfstand": Einen hohen Personalisierungsfaktor bietet dieser Artikel,
in dem sehr viele Mitarbeiter zu Wort kommen. Bestärkt wird dies dadurch, dass der Name
rot markiert wurde. In dem Bericht wird der sogenannte „Integrity Charter Day" resümiert.
Der Bericht wirkt sehr authentisch, was für eine hohe Glaubwürdigkeit spricht. Außerdem
versteht man den Bericht ohne Schwierigkeiten.

„Im Rampenlicht" und „Flaggschiffmaßnahmen und Sonderthemen": Dieser Aufmacher wurde durch starke Bilder komplettiert. Da es sich um Zukunftsplanungen handelt, ist
eine große Glaubwürdigkeit vorhanden, weil nicht davon auszugehen ist, dass sich die Plä-
ne noch verändern werden. Der Nutzwert ist ferner hoch, da auf diese Weise jeder Mitarbeiter gut aufgeklärt ist über die diesjährigen Aktivitäten. Dies führt zu erhöhter Transpa-
renz.

3. Richtigkeit

„Mit der Bank am Ball" und „Das Wir-Gefühl macht's aus" und „Ein Tag im Club":
In diesem Aufmacher sind keine externen oder unabhängigen Quellen genannt. Das Quellenkriterium ist nicht erfüllt.

„Werte auf dem Prüfstand": Marietta Dall'Asta[176] vertritt als Betriebsrätin die Belegschaft und ist aufgrund ihrer grundsätzlich distanzierten Haltung zum Management als unabhängige Quelle anzusehen. Das Quellenkriterium ist erfüllt.

---

[176] Das Beste, Nr. 5/2007, S. 11

„Im Rampenlicht" und „Flaggschiffmaßnahmen und Sonderthemen": Dieser Bericht über die diesjährigen PR-Aktivitäten bei der HVB bietet außer einer internen Quelle keine weiteren Quellen an. Das Quellenkriterium ist also nicht erfüllt.

4. Vermittlung

„Mit der Bank am Ball" und „Das Wir-Gefühl macht's aus" und „Ein Tag im Club":

- Genre: Das Thema Sport bei der Bank lässt sich wegen der Einfachheit gut in Berichtsform darstellen. Das Kriterium ist erfüllt.
- Grafische Unterstützung: Es ist keine grafische Unterstützung vorhanden. Dies wird allerdings auch nicht vom Leser erwartet. Das Kriterium ist erfüllt.

„Werte auf dem Prüfstand":

- Genre: Der Artikel, der den zweiten Integrity Charter Day zusammenfasst, ist leicht verständlich. Das Genre „Bericht" eignet sich, da keine Hintergrundinformationen benötigt werden, um das Thema verständlich zu präsentieren.
- Grafische Unterstützung: Eine grafische Unterstützung wird nicht angeboten. Es wäre aber sinnvoll gewesen, wenn die Redaktion Anlass genommen hätte, das Thema Werte grundsätzlich zu diskutieren oder eine Übersicht über die Werte anzubieten. Dieses Kriterium ist nicht erfüllt.

„Im Rampenlicht" und „Flaggschiffmaßnahmen und Sonderthemen":

- Genre: Der Einstieg ist in Berichtsform geschrieben. Die Folgeartikel bieten kleine meldung-artige Artikel über jedes Event. Das Kriterium ist erfüllt.
- Grafische Unterstützung: Es wird eine grafische Unterstützung (Terminkalender) für die im Jahr 2008 geplanten PR-Maßnahmen auf der Umschlagseite dargestellt. Das Kriterium ist erfüllt.

Eindeutigkeit des Aufmachers: Das Titelfoto ist immer der Aufmacher. Der Aufmacher besteht aus mehreren Artikeln. Zwei von drei Ausgaben haben auf der Titelseite keine Überschrift. Die Titelthemen sind erst im Inhaltsverzeichnis zu erkennen. Auch hier ist nicht klar, welcher der sieben Artikel in Ausgabe 6/2007 beispielsweise, das Schwerpunktthema ist. Das Kriterium ist nicht erfüllt.

Anzahl der Genres: Die „Das Beste" verwendet fünf von acht Genres. Das Kriterium ist nicht erfüllt.

4.3.4 Opel Post (Opel)

Opel ist ein Tochterunternehmen von General Motors. Umsatzzahlen und Mitarbeiterzahlen werden nicht nach Unternehmen, sondern nach Region ausgegeben. Die Mitarbeiterzeitschrift „Opel Post" hat zum Ziel Hintergrundinformationen zu liefern, damit Mitarbeiter Unternehmensentscheidungen besser verstehen und besser gegenüber Betriebsfremden vertreten können.[177] „Sie nutzt zur besseren Leser-Blatt-Bindung die ganze Bandbreite der journalistischen Stilmittel."[178]

Opel hat folgende drei Aufmacher:

- „Messe-Modelle"[179]
- „Fokus-Initiative soll den Markt beleben"[180]
- „Jugend trainiert für Weihnachten"[181]

1. Aktualität

„Messe-Modelle": Die Internationale Automobil-Ausstellung (IAA) war vom 13.-23. September 2007.[182] Die September-Ausgabe der Opel Post berichtet bereits über die Messe. Insofern ist das Aktualitätskriterium erfüllt.

„Fokus-Initiative": Es handelt sich um ein Interview mit Thomas Owsianski, der seit dem 15. Oktober Verkaufschef bei Opel ist.[183] Die Redaktion der „Opel Post" nutzt diesen Stellenwechsel als aktuellen Anlass, um in der Oktober-Ausgabe über die von Owsianski ge-

---

[177] Vgl. Berg; Kalthoff-Mahnke; Wolf, 2007, S. 116

[178] Berg; Kalthoff-Mahnke; Wolf, 2007, S. 116

[179] Opel Post, Nr. 9/2007, S. 11ff

[180] Opel Post, Nr. 10/2007, S. 8ff

[181] Opel Post, Nr. 12/2007, S. 7

[182] http://www.iaa.de/archiv/2007/, 03.03.2008

[183] Vgl. Vgl. Opel Post, Nr. 10/2007, S. 9

startete Fokus-Initiative zu berichten, mit der versucht werden soll, das Deutschlandge-schäft anzukurbeln. Dieses Interview erfüllt das Aktualitätskriterium.

„Jugend trainiert für Weihnachten": Diese Nachricht berichtet über den Weihnachts-markt, an dem sich Opel beteiligt. Die Mitarbeiterzeitschrift erfüllt auch in der Dezember-Ausgabe das Aktualitätskriterium.

Latente Aktualität: Bei der Analyse aller zugesandten Mitarbeiterzeitschriften ist auffal-lend, dass Mitarbeitern mit eingeschränkter Gesundheit so gut wie gar keine Aufmerksam-keit gewidmet wird. Die Tatsache, dass die Redaktion das Thema[184] erwähnt, zeigt, dass sie auch auf Randgruppen in der Belegschaft achtet.

Ein anderes latentes Thema sind die Wochenendpendler, die wegen der Restrukturie-rungsmaßnahmen der letzten Jahre zwischen Bochum und Rüsselsheim pendeln müssen. So schreibt die Opel Post über ein Beispiel dieser benachteiligten Randgruppe, die ihre Ar-beitsplätze miteinander tauscht, um nicht mehr pendeln zu müssen.

2. Relevanz

„Messe-Modelle": Im Vergleich zum Bosch Zünder und zur autogramm verpasst die „O-pel Post" die Gelegenheit, den Bericht der IAA mit eindrucksvollen Bildern zu bestücken. Der Artikel ist allem Anschein nach vor der Messe entstanden. Zunächst kommt eine 3D-Animation, anschließend erfolgen Bilder von Autostudien beziehungsweise Prototypen in der Stadt und ähnliches. Dafür, dass keine Messebilder vorhanden waren, wurde eine gute Bebilderung gewählt. Es sind weder Prominenz noch Personalisierungsfaktor vorhanden, stattdessen mehrseitige Informationen zu den Messeprodukten. Der Bericht ist trotz allem gut verständlich.

„Fokus-Initiative": Diese Nachricht hat Ereigniswert weil sie über eine Initiative berich-tet, die im gleichen Monat begonnen hat und für die nächsten Jahre von Bedeutung sein wird. Das Genre Interview sorgt dabei für einen hohen Personalisierungsgrad. Ferner wird die Fokus-Initiative mit einer grafischen Übersicht dargestellt (Umsetzbarkeit in Bildern). Das Interview ist auch für Laien verständlich geschrieben und erfüllt völlig die Erwartun-gen des Lesers.

---

[184] Opel Post, Nr. 12/2007, S. 22

„Jugend trainiert für Weihnachten": Die Faktoren Personalisierung und Umsetzbarkeit in Bildern finden starke Ausprägungen, wie auch Verständlichkeit und Glaubwürdigkeit. Konsonanz ist deshalb vorzufinden, weil der Weihnachtsmarkt in der Weihnachtsausgabe fast „Pflichtprogramm" ist und jeder den Inhalt des Artikels kennt. Es geht um Nikoläuse, Kinder, Geschenke, Spenden. Gerade das Weihnachtsfest hat im Winter Konjunktur, weil es in unserer abendländischen Kultur eine große Bedeutung hat.

3. Richtigkeit

„Messe-Modelle": Der Aufmacher konnte keine externe Quelle vorweisen. Das Quellen-kriterium trifft nicht zu.

„Fokus-Initiative soll den Markt beleben": Das Interview mit Owsianski enthält keine externen Quellen. Weder der Interviewer noch der Interviewte lassen externe Stimmen ein-fließen. Das Quellenkriterium ist nicht erfüllt.

„Jugend trainiert für Weihnachten": In dem Artikel sind keine externen Bezugsquellen genannt. Das Quellenkriterium trifft nicht zu.

4. Vermittlung

„Messe-Modelle":

- Genre: Der Mitarbeiter wird auf das Thema IAA anhand mehrerer Berichte von je-weils einer Seite Länge vorbereitet. Der GM-Stand und die Automarken von GM werden knapp vorgestellt. Das Genre ist gut gewählt.

- Grafische Unterstützung: Es ist eine Grafik des GM-Stands, wie er aussehen wird, vorhanden. Das trägt zur Verständlichkeit und besseren Vorstellung bei.

„Fokus-Initiative soll den Markt beleben":

- Genre: Mit dieser Überschrift erwartet der Leser einen Bericht oder gar einen Hin-tergrundbericht. Allerdings stößt er auf ein Interview. Zunächst hätte auf der Titel-seite stehen müssen, dass es sich um ein Interview handelt. Von größerer Bedeu-tung hingegen ist, dass sich der Leser aufgrund der Frage-Antwort-Methode eines Interviews die Informationen selbst erarbeiten muss. Hinzu kommt, dass die Fragen gelegentlich nur die Situation von Opel betreffen, woraus sich der Umkehrschluss ziehen lässt, dass an dieser Stelle auch die Fokus-Initiative ansetzt. Akzeptabel wäre ein ausgeschriebenes Interview gewesen, bei dem zielgerichtet über die Initiative berichtet worden wäre. Besser noch wären ein Bericht gewesen und dazu ein Kurzinterview von einer halben Seite. So wäre sowohl die Initiative als auch der Initiativleiter Owsianski gut vorgestellt worden. Das Kriterium ist nicht erfüllt.

- Grafische Unterstützung: Der Artikel wird von einer Grafik gestützt, was die Vermittlung deutlich aufwertet. Das Kriterium ist erfüllt.

„Jugend trainiert für Weihnachten":

- Genre: Der Bericht über den Weihnachtsmarkt ist der kürzeste Aufmacher aller drei Ausgaben, was angesichts des stereotypen Themas völlig legitim ist. Es ist anzunehmen, dass ein Drei-Seiten-Bericht über den Weihnachtsmarkt den Leser langweilen würde.

- Grafische Unterstützung: Der Artikel enthält keine Grafik. Dies ist jedoch nicht notwendig. Ferner bietet der Bericht drei ausdrucksstarke Bilder. Das Kriterium ist erfüllt.

Eindeutigkeit des Aufmachers: Das Titelfoto ist immer der Aufmacher und wird mit einem Seitenvermerk unmissverständlich in der Mitarbeiterzeitschrift identifiziert. Das Kriterium ist erfüllt.

Anzahl der Genres: Die Opel Post verwendet im Schnitt rund fünf von acht Genres. Das Kriterium ist nicht erfüllt.

4.3.5 go ahead (Münchener Rück)

Der Rückversicherer Münchener Rück ist ein Unternehmen mit 37.000 Mitarbeitern an 50 Standorten weltweit[185] und einem Konzernergebnis von rund 3,5 Mrd.[186] Die „go ahead" erscheint drei Mal pro Jahr und hat eine Auflage von 5.500 Exemplaren auf Deutsch und 3.500 auf Englisch. Sie hat zum Ziel, Hintergrundwissen zur Entwicklung und Strategie

---

[185] http://www.munichre.com/de/group/default.aspx, 04.03.2008

[186] http://www.munichre.com/de/ir/shares/key_figures/key_figures_of_munich_re_group/default.aspx, 04.03.2008

des Unternehmens zu vermitteln und darüber hinaus Marktanalysen, Praxisberichte, Standortportraits, Mitarbeiterinformationen sowie praxisnahe Tipps für den Alltag anzubieten.

Die drei Aufmacher der zugesandten Ausgaben der „go ahead" lauten wie folgt:

- „Phoenix…"[187]
- „Großbaustelle Welt"[188]
- „Großbaustelle Münchener Rück"[189]

1. Aktualität

„Phoenix…": Mittels Kommentaren, einem Interview und einer großen Grafik wird ein Jahr nach Einführung von Phoenix (Ereignis) Bilanz über die vergangenen Umstrukturierungen gezogen. Das Aktualitätskriterium ist erfüllt.

„Großbaustelle Welt": Dieser Aufmacher beschäftigt sich mit verschiedenen Themenbereichen wie dem Thema Globalisierung oder auch dem demographischen Wandel. Diese Themen haben schon seit einigen Jahren Hochkonjunktur. Ferner ist auch nicht erkennbar, warum gerade jetzt über die Großbaustelle Welt geschrieben wurde. Diese Themen haben ohne Ereignis keine Aktualität.

„Großbaustelle Münchener Rück": Ähnlich wie bei der Opel Post wird ein Interview genutzt, um ein Programm/ eine Initiative o.ä. vorzustellen (hier: „Changing Gear") Das Thema wird vom neuen hauptamtlichen Leiter vorgestellt und hat Relevanz für die nahe Zukunft. Folglich ist das Aktualitätskriterium erfüllt.

Latente Aktualität: Die „go ahead" berichtet in der Ausgabe Nr. 3/2006 doppelseitig über gehörlose Mitarbeiter am Arbeitsplatz und warum diese es als diskriminierend empfinden, wenn Menschen sagen, sie seien taub**stumm**. Diese Nachricht informiert über eine kleine Minderheit und ihre Barrieren, eine Minderheit, der geringe Aufmerksamkeit gewidmet ist. Deshalb hat dieses Thema eine latente Aktualität. Hinzu kommen Themen wie Wasser-

---

[187] go ahead, Nr. 3/2006, S. 2-11

[188] go ahead, Nr. 1/2007, S. 2-11

[189] go ahead, Nr. 2/2007, S. 2

mangel in Eritrea[190] und die Obdachlosenunterstützung,[191] eine positive und passende Art und Weise, diese Minderheit in das Bewusstsein der Mitarbeiter zu rufen.

2. Relevanz

„Phoenix…": Die Kommentare, das Interview und die Beiträge deuten auf eine hohe Personalisierung hin. Dank einer doppelseitigen Grafik (Umsetzbarkeit in Bildern) wird die neue Ausschussstruktur verständlich dargestellt. Der Faktor Prominenz wird mit einem Punkt bewertet, da einige Mitglieder der Führungsebene zu Wort kommen.

„Großbaustelle Welt": Die Bebilderung der vier Artikel, die der Aufmacher bietet, wurden sehr gut ausgewählt. Die relativ kurzen Artikel sind verständlich geschrieben und besitzen eine erhöhte Personalisierung und Glaubwürdigkeit aufgrund zweier Tatsachen: Drei von vier Nachrichten stammen von Experten innerhalb der Münchener Rück und nicht von der Redaktion selbst; ferner werden die Artikel von Ausschnitten des Buches „Die Welt ist flach" von Friedman, einem unabhängigen amerikanischen Journalisten,[192] begleitet. Sein Beitrag spricht das Verantwortungsbewusstsein an.

„Großbaustelle Münchener Rück": Dieser Bericht lehnt sich an den der vorherigen Ausgabe an und bietet ähnliche Charakteristiken. Was vor allem fehlt, ist eine Einführung, was „Changing Gear" ist. Da die Empfänger meistens auch externe Stakeholder sind (Familienangehörige, Journalisten, Kunden etc.) sollte eine kurze Einführung zu Beginn erklären, worum es überhaupt geht. Nicht nur die Themenüberschriften sind dieselben, sondern auch die Bebilderung, die beim zweiten Mal ihre Wirkung verloren haben und veraltet wirkt.

3. Richtigkeit

„Phoenix…": In keinem der drei Artikel werden externe Quellen erwähnt. Das Quellenkriterium ist nicht erfüllt.

„Großbaustelle Welt": Auf Seite 7 der Hauptausgabe Nr. 1/2007 wird der Bericht des IPCC als externe Quelle erwähnt. Das Ergebnis des Berichts stützt die Argumente des Ar-

---

[190] go ahead, Nr. 2/2007, S. 30f

[191] go ahead, Nr. 1/2007, S. 28

[192] go ahead, Nr. 1/2007, S. 2

tikels „Emerging Risks", der Teil des Themas „Großbaustelle Welt" ist. Das Quellenkriterium ist erfüllt.

„Großbaustelle Münchener Rück": Es wird keine externe Quelle erwähnt. Das Kriterium ist nicht erfüllt.

4. Vermittlung

„Phoenix…":

- Genre: Ähnlich wie bei dem Initiative-Fokus-Interview wird dem Leser auf der Titelseite nicht vermittelt, dass es sich beim Thema „Endlich Freiraum" um ein Interview handelt. Anders als bei dem Opel Aufmacher wird Phoenix auch in anderen Artikeln redaktionell beleuchtet. Hinzu kommt ein wichtiges Detail, nämlich dass der Anlass zum Interview ist, dass nach einjährigem Bestehen Bilanz gezogen wird. Für die Mitarbeiter ist Phoenix also nichts Neues, weshalb ein Bericht nicht notwendig ist. Das Kriterium ist nicht erfüllt.

- Grafische Unterstützung: Eine grafische Unterstützung über die neuen Strukturen ist doppelseitig vorhanden. Das Kriterium ist erfüllt.

„Großbaustelle Welt":

- Genre: Nach einer großen Einführung, begleitet von den Sätzen „Die Münchener Rück von heute und morgen – das ist ein großes Thema. Zu groß für ein Special in go ahead. Deshalb widmen wir ihm zwei Ausgaben."[193] folgt ein überraschend geringer Informationsgehalt. Es folgen die schon erwähnten Ausschnitte von Friedmann („Die Welt ist flach"), gepaart mit Kurzbeiträgen der Redaktion, die die Länge von Meldungen haben. Der Rest der doppelseitigen Artikel ist mit großen Bildern gefüllt. Der Leser würde vermutlich deutlich mehr textliche Informationen erwarten. Das Kriterium ist nicht erfüllt.

- Grafische Unterstützung: Der Aufmacher wird nicht durch Grafiken gestützt. Dies wäre auch nicht nötig gewesen. Die gelieferten Bilder sind sehr ausdrucksstark. Das Kriterium ist erfüllt.

---

[193] go ahead, Nr. 1/2007, S. 3

„Großbaustelle Münchener Rück":

- Genre: Anders als bei der vorherigen Ausgabe werden hier zu den Themen Emerging Markets, Emerging Risks, Risk-Management und demografischer Wandel umfangreiche Informationen geliefert. Die Erwartungen des Lesers werden diesmal nicht enttäuscht. Das Kriterium ist erfüllt.

- Grafische Unterstützung: Es werden keine Grafiken verwendet. Bei einem sechzehnseitigen Aufmacher, der sich mit Entwicklungen und Wachstumsraten beschäftigt, wäre dies zu erwarten gewesen. Da die meisten Beiträge nicht von der Redaktion stammten, hätte man davon ausgehen können, dass die Redaktion, während die Artikel von den Mitarbeitern anderer Abteilungen geschrieben wurden, die passenden Grafiken erstellt hätten. (Möglichkeiten für grafische Gestaltungsmöglichkeiten: Demographische Unterschiede – Indien und Deutschland, grafische Darstellung der rasant steigenden Lebenserwartung in Indien.) Das Kriterium ist nicht erfüllt.

Eindeutigkeit des Aufmachers: Ähnlich wie bei der Clartext hat der Aufmacher mehrere Unterthemen. Die Lokalisierbarkeit ist eben so schwer wie bei „O.ton". Gelb unterlegt titelt beispielsweise die Ausgabe Nr. 1/2007 „Großbaustelle Welt" und in der nächsten Zeile: „Risiken sehen, Chancen wahrnehmen". im Inhaltsverzeichnis trifft man in der Kategorie Special auf „Mehr Risiken. Mehr Chancen." Schlägt man dieses Thema auf, stößt man auf den Titel „Großbaustelle: Welt". Dies scheint der Aufmacher zu sein. Wenn die Art und Weise, wie das Titelthema präsentiert wird auch als unübersichtlich empfunden wird, so ist das Kriterium dennoch erfüllt. Im Gegensatz zu „O.ton" ist der Aufmacher immer der erste Artikel im Hauptteil der Ausgabe.[194]

Anzahl der Genres: Die „go ahead" verwendet im Schnitt rund fünf von acht Genres. Das Kriterium ist nicht erfüllt.

---

[194] Die ‚go ahead' besteht aus Hauptausgabe und einer Münchener Ausgabe.

5 Möglichkeiten und Grenzen der Qualitätssteigerung

5.1 Handlungsmöglichkeiten

5.1.1 Aktualität

Hypothese 1a: Mitarbeiterzeitschriften werden aktuell berichten.

Die Hypothese lässt sich nicht bestätigen. Von neun Zeitschriften waren nur zwei („Bosch Zünder", „Opel Post") in allen Ausgaben aktuell.

Es war festzustellen, dass Aktualität oft dann nicht erfüllt worden war, weil ein Thema erst in der Folgeausgabe erschien oder ein bestimmtes Thema von vornherein von der Redaktion festgelegt wurde. Themen mit einem hohen Ereigniswert und absehbarem Inhalt sollten im Voraus vorbereitet werden. RUß-MOHL schreibt folgendes:

„Für Uneingeweihte mag es makaber klingen, aber es ist längst kein Geheimnis mehr: Viele Nachrufe prominenter Zeitgenossen sind in den Redaktionen vorproduziert. Sie lagern zwar nicht mehr in der sprichwörtlichen Schublade, sondern sind auf Festplatten gespeichert – aber eben jederzeit abrufbar."[195]

Besser noch als bei Nachrufen, kennt die Redaktion den Zeitpunkt des Ereignisses und kann sich über den Ablauf des Events bei der Marketingabteilung informieren, um im Voraus den Artikel schreiben zu können.

Der Termin, wann die Mitarbeiterzeitschrift in Druck geht, sollte möglichst am vorletzten Tag im Monat sein, damit gewährleistet ist, dass **alles** was innerhalb eines Monats stattgefunden hat, auch **im selben Monat** berichtet wird. Ein typisches Beispiel, wo dies nicht gelungen ist, ist der Artikel Seal und Heidi Klum als Markenbotschafter bei VW.[196]

Hinzu kommt, dass Artikel nicht als aktuell bewertet wurden, weil über Themen berichtet wurde, die es seit langem gibt. Ein Bericht über das Beratungstool „Next Best Activity", das seit Juni 2004 verbessert wird, ist nicht aktuell, weil die Informationen aktuell recherchiert wurden, sondern wird erst dann aktuell, wenn der Anlass beispielsweise das x-jährige Jubiläum ist. Ein weiteres Beispiel: Worin besteht der Gegenwartsbezug, den Leser

---

[195] Ruß-Mohl, 2003, S. 80

[196] autogramm, Nr. 10/2007, S. 1 und S. 7

über Masterbatches[197] zu informieren? Wäre dies geschehen, um ein neu eingeführtes Produkt zu erklären, oder über einen Großauftrag zu berichten, wäre der Aufmacher aktuell gewesen. Handlungsempfehlungen an die Redaktionen sind, dass bei der Themenwahl darauf geachtet wird, dass die Themen nicht nur interessant sind, sondern sich zu überlegen, ob diese mit einem Ereignis verknüpft werden können.

Aktualität kann auch erzeugt werden. Berichtet eine Mitarbeiterzeitschrift über ein Projekt, dass seit neun Monaten am laufen ist, ist diese Nachricht veraltet. Wenn dieser Bericht auf das einjährige Jubiläum vertagt wird und das Projekt beleuchtet wird, wie es sich entwickelt hat, dann wird ein nicht aktueller Bericht aktuell.

Hypothese 1b: Mitarbeiterzeitschriften werden sehr wenige latente Themen vorweisen können.

Diese Hypothese wurde erwartungsgemäß erfüllt. Die „go ahead" ist ein positives Beispiel, wie latente Themen in Mitarbeiterzeitschriften Erwähnung finden. So berichtet sie über Gehörlose am Arbeitsplatz. Dem Verfasser ist aus der Praxis bekannt, dass auch Gehörlose Mobbing am Arbeitsplatz erfahren. Deswegen ist es nötig, diese Randgruppe einmal zu beleuchten.

Das Kriterium „latente Aktualität" zu erfüllen, bedarf erhöhter Aufmerksamkeit, da es in der Natur der Sache liegt, dass latente Themen oft unbeachtet bleiben. Es wird dazu geraten, sich eine Liste möglicher latenter Themen zu erstellen und diese bei der Planung der Mitarbeiterzeitschrift zu berücksichtigen, um festzustellen, ob sich die Gelegenheit bietet, einen Artikel in die kommende Ausgabe zu setzen. Hier ist aktives Handeln nötig.

---

[197] Clartext, Nr. 2/2007, S. 6

Mitarbeiterzeitschriften			Aktualität (J= 1/N= 0)		
inkom. Grand Prix 2006 Gewinner		akt.	Nachweis	lat. akt.	
Clartext (Clariant)	Nr. 2/2007	0	Vermittelt Wissen, kein Ereignis und keinen Trend.	0	
Clartext (Clariant)	Nr. 3/2007	1	Artikel beschreibt Prozesse die aktuell sind. (Mitarbeiteraktivitäten)	0	
Clartext (Clariant)	Nr. 4/2007	0	Vermittelt Wissen, kein Ereignis und keinen Trend.	0	
Summe		1		0	
kontakt, (ABB)	Nr. 1/2007	0	Vermittelt Wissen, kein Ereignis und keinen Trend	0	
kontakt, (ABB)	Nr. 4/2007	1	Berichtet über Personalentwicklungen bei ABB Anlass: Kürzlich eingestellten Azubis	0	
kontakt, (ABB)	Nr. 1/2008	1	Hintergrundbericht über Großprojekte	2	S. 42 Immer mehr Menschen mit Burn-out-Syndrom
Summe		2		2	
autogramm, (VW)	Nr. 10/2007	0	Die Kampagne ist für nahe Zukunft relevant.	1	Wolfsburg Ausgabe, S. 4 Tsunami-Opfer
autogramm, (VW)	Nr. 11/2007	1	Ereignis hat am 9. Nov. stattgefunden.	0	
autogramm, (VW)	Nr. 12/2007	0	Das Ereignis hätte bereits in der November Ausgabe stehen müssen.	0	
Summe		1		1	
Bosch Zünder (Bosch)	Nr. 5/2007	1	Bericht über IAA zeitnah erschienen.	1	Primavera in Campinas (Mädchenchor)
Bosch Zünder (Bosch)	Nr. 6/2007	1	Berichtet über Entwicklung der nächsten zwei bis drei Jahre in Asien.	1	Sozialprojekt in Curitiba für bessere Erziehung und Ausbildung
Summe		2		2	

(Linke Randspalte: 1. Platz*)

Tabelle 3: Aktualität (1. Plätze)

2. Platz*	Folio (RAG)	Nr. 1/2008	1	Aktuelle Entwicklung über Evonik in Osteuropa	0	
	Folio (RAG)	Nr. 2/2008	0	Vermittelt Wissen, kein Ereignis und keinen Trend.	0	
	Summe		**1**		**0**	
	O.ton (O2)	Nr. 1/2007	0	S. 14: Seit Ende **November 2006** gilt…-> hätte in der letzten 2006 Ausgabe stehen müssen.	0	
	O.ton (O2)	Nr. 2/2007	0	S.12: Seit **Juni 2004** verbessert O2 ständig seine Kampagnensteuerung und Beratung über NBA	0	
	O.ton (O2)	Nr. 3/2007	1	S. 12: Bericht aus dem aktuellen Geschehen	0	
	Summe		**1**		**0**	
	Das Beste (HVB)	Nr. 4/2007	0	Vermittelt Wissen, kein Ereignis und keinen Trend.	0	
	Das Beste (HVB)	Nr. 5/2007	1	Bericht über ICD im Oktober.	0	
	Das Beste (HVB)	Nr. 6/2007	1	Vorausschau über PR-Kampagnen für das Jahr 2008	0	
	Summe		**2**		**0**	
	Opel Post (Opel)	Nr. 9/2007	1	IAA 13-26.09.2007	0	
	Opel Post (Opel)	Nr. 10/2007	1	Interview über neue Fokus-Initiative	0	
	Opel Post (Opel)	Nr. 12/2007	1	Bericht über Weihnachtsmarkt. Kann nur im Dezember veröffentlicht werden.	1	Über Präventionen um Schwerbehindertenquote zu mindern.Thema: Burn-out am Arbeitsplatz.
	Summe		**3**		**1**	
	go ahead (MR)	Nr. 3/2006	1	Bilanz nach einem Jahr Pho	2	Gehörlose am Arbeitsplatz
	go ahead (MR)	Nr. 1/2007	0	Vermittelt eher Wissen, als Ereignisse oder Trends.	1	Obdachlosigkeit
	go ahead (MR)	Nr. 2/2007	1	Neue Mitarbeiter werden vorgestellt.	2	Wassermangel in Eretria
	Summe		**2**		**5**	

Tabelle 4: Aktualität (2. Plätze)

5.1.2 Relevanz

Hypothese 2: Mitarbeiterzeitschriften werden Aufmacher mit einer hohen Relevanz als übergeordnetes Konzept der Nachrichtenfaktoren aufweisen können.

Bis auf eine Ausnahme (Folio) hat sich diese Hypothese bewahrheitet. Das Verbesserungspotenzial ist, wie die Tabelle unten zeigt, bei jeder Mitarbeiterzeitschrift unterschiedlich. Der Bosch Zünder und die autogramm erzielen sehr gute Werte. Hier hätte die Redaktion mit einer Erhöhung der Personalisierung, die relativ einfach umsetzbar gewesen wäre, eine noch höhere Punktzahl erreichen können.

Anhand der Schwerpunktthemen-Strategie der „Clartext" ist zu erkennen, dass diese Wahl von Schwerpunkten[198] gelingen, oder das Ziel klar verfehlen kann.[199] Deshalb wird davon abgeraten, diese Strategie einzuschlagen. Tendenziell ist die Vorauswahl eines Themas wie auch bei der „go ahead" riskant und nicht so erfolgreich. Die Redaktion läuft Gefahr, dass, weil dem Schwerpunkt viel Platz beigemessen wird, die angebotenen Informationen nicht konzentriert genug dargeboten werden. Bei der Auswahl, welches Thema der Aufmacher wird, sollten die zehn Faktoren überprüft werden. Das Thema mit der höchsten Punktzahl sollte die größte Gewichtung und Aufmachung sowie die bevorzugte Platzierung erhalten. Möglicherweise wäre beispielsweise der Artikel über eine mögliche Pandemie[200] für den Evonik-Mitarbeiter interessanter gewesen als das Thema „Wissen". Die entscheidende Frage in der Redaktion ist infolgedessen nicht: „Welches Thema machen wir zum Aufmacherthema?" sondern „Welches Thema hat das meiste Aufmacherpotenzial?"

---

[198] Anders als bei anderen Mitarbeiterzeitschriften, die auch einen Schwerpunkt haben, nimmt der Schwerpunkt in der Clartext etwa die Hälfte aller Seiten einer Ausgabe in Anspruch.

[199] Es ist noch wichtig zu erwähnen, dass aufgrund des umfangreichen Aufmachers von 14 Seiten die Wahrscheinlichkeit, dass die Faktoren erfüllt sind, deutlich höher waren als bei anderen Zeitschriften.

[200] Folio, Nr. 2/2008, S. 24f

inkom. Grand Prix 2006 Gewinner	Mitarbeiter-zeitschriften	Ausgabe	1. Ereigniswert	2. Nutzwert	3. Gefühlswert	4. Personalisierung	5. Prominenz	6. Verständlichkeit	7. Valenz	8. Konsonanz	9. Umsetzbar. in Bil.	10. Glaubwürdigkeit	Summe	Durchschnitt
	Clartext (Clariant)	Nr. 2/2007	0	1	0	2	0	2	0	0	1	2	8	
	Clartext (Clariant)	Nr. 3/2007	0	2	1	2	0	2	1	2	2	2	14	
	Clartext (Clariant)	Nr. 4/2007	0	2	0	2	0	2	0	0	1	2	9	
	Summe		**0**	**5**	**1**	**6**	**0**	**6**	**1**	**2**	**4**	**6**	**31,0**	10,3
	kontakt, (ABB)	Nr. 1/2007	0	2	0	2	0	2	0	0	1	2	9	
1. Platz	kontakt, (ABB)	Nr. 4/2007	0	1	0	2	0	2	0	2	2	2	11	
	kontakt, (ABB)	Nr. 1/2008	1	2	0	1	0	2	0	0	2	2	10	
	Summe		**1**	**5**	**0**	**5**	**0**	**6**	**0**	**2**	**5**	**6**	**30,0**	10
	autogramm, (VW)	Nr. 10/2007	2	0	1	1	2	2	1	0	2	2	13	
	autogramm, (VW)	Nr. 11/2007	2	0	1	0	1	2	2	0	2	2	12	
	autogramm, (VW)	Nr. 12/2007	2	1	0	0	1	2	1	0	2	2	11	
	Summe		**6**	**1**	**2**	**1**	**4**	**6**	**4**	**0**	**6**	**6**	**36,0**	12
	Bosch Zünder (Bosch)	Nr. 5/2007	2	1	1	1	2	2	0	1	2	2	14	
	Bosch Zünder (Bosch)	Nr. 6/2007	1	1	0	0	1	2	1	1	1	1	9	
	Summe		**3**	**2**	**1**	**1**	**3**	**4**	**1**	**2**	**3**	**3**	**23,0**	11,5
	Folio (RAG)	Nr. 1/2008	0	1	0	2	0	2	1	1	2	2	11	
	Folio (RAG)	Nr. 2/2008	0	1	0	1	0	2	0	0	1	2	7	
	Summe		**0**	**2**	**0**	**3**	**0**	**4**	**1**	**1**	**3**	**4**	**18,0**	9
	O.ton (O2)	Nr. 1/2007	1	2	0	2	0	2	2	0	1	2	12	
	O.ton (O2)	Nr. 2/2007	0	2	0	2	0	2	1	0	1	2	10	
	O.ton (O2)	Nr. 3/2007	1	2	0	2	0	1	0	0	0	2	8	
	Summe		**2**	**6**	**0**	**6**	**0**	**5**	**3**	**0**	**2**	**6**	**30,0**	10
2. Platz	Das Beste (HVB)	Nr. 4/2007	0	1	1	2	0	2	1	1	1	2	11	
	Das Beste (HVB)	Nr. 5/2007	1	1	0	2	0	2	1	0	1	2	10	
	Das Beste (HVB)	Nr. 6/2007	0	2	0	0	1	2	0	1	2	2	10	
	Summe		**1**	**4**	**1**	**4**	**1**	**6**	**2**	**2**	**4**	**6**	**31,0**	10,3
	Opel Post (Opel)	Nr. 9/2007	2	1	1	0	0	2	0	0	2	2	10	
	Opel Post (Opel)	Nr. 10/2007	1	1	0	2	0	2	1	0	1	2	10	
	Opel Post (Opel)	Nr. 12/2007	1	0	0	2	0	2	1	1	2	2	11	
	Summe		**4**	**2**	**1**	**4**	**0**	**6**	**2**	**1**	**5**	**6**	**31,0**	10,3
	go ahead (MR)	Nr. 3/2006	1	1	0	2	1	2	0	0	1	1	9	
	go ahead (MR)	Nr. 1/2007	0	2	1	2	0	2	1	0	2	2	12	
	go ahead (MR)	Nr. 2/2007	0	2	0	2	0	2	1	0	1	2	9	
	Summe		**1**	**5**	**1**	**6**	**1**	**5**	**2**	**0**	**4**	**5**	**30**	10
	Summe		**18**	**32**	**7**	**36**	**9**	**48**	**16**	**10**	**36**	**5,3**	**28,9**	**10,4**

Tabelle 5: Bewertung Nachrichtenfaktoren

5.1.3 Richtigkeit

> **Hypothese 3a: Die Artikel werden fehlerfrei und frei von logischen Widersprüchen sein.**

Diese Hypothese bewahrheitet sich mit Ausnahme von „Bosch Zünder". Dort wurde zu Gunsten eines besseren Ergebnisses der Statistik getreu dem Sprichwort „Glaube nur der Statistik, die du selbst gefälscht hast" gehandelt. Auch wenn Statistiken bei einer ganz unverschönten Darstellung ein schlechteres Bild abgeben, so sind sie für den Leser dennoch glaubwürdiger. Es ist ferner naheliegend, dass ein so konsequentes Handeln in Grafiken und Texten zu einer erhöhten Glaubwürdigkeit führt. Deswegen wird empfohlen, dass Mitarbeiterzeitschriften möglichst neutral berichten, damit sie nicht dem Ruf verfallen, ein PR-Instrument des Managements zu sein.

> **Hypothese 3b: Keiner der Aufmacher wird externe Quellen angeben.**

Auch diese Hypothese hat sich im Großen und Ganzen bewahrheitet. Bis auf eine Mitarbeiterzeitschrift erfüllt keine Mitarbeiterzeitschrift das Kriterium Quellentransparenz ausreichend. Wie Quellentransparenz erreicht wird, zeigt die „kontakt" (ABB) sehr gut. Entweder werden die Quellen direkt im Text genannt durch direkte oder indirekte Rede, oder, falls sich die Artikel dazu nicht eignen, platziert die Redaktion die Quellen an den Schluss des Artikels. Selbst Artikel, bei denen keine zweite Partei erwähnt wird, können, indem der Redakteur Quellen angibt, dem Leser zeigen, ob die Informationen aus verlässlichen Quellen stammen. Außerdem kann der Leser, wenn er sich weiter informieren möchte, den Quellen nachgehen, um mehr über das Thema zu erfahren. Folglich erhöht diese Möglichkeit den Mehrwert des Artikels. Die Art und Weise, wie die „kontakt" die Quellentransparenz umgesetzt hat, führt zur vorbehaltlosen Handlungsempfehlung des Verfassers.

Mitarbeiterzeitschriften		Quellen (J>= 1/ N= 0)	Beweis/Hinweis
inkom. Grand Prix 2006 Gewinner			
Clartext (Clariant)	Nr. 2/2007	0	
Clartext (Clariant)	Nr. 3/2007	3	S.7-9: IPCC, UBA; S. 10: DIW;
Clartext (Clariant)	Nr. 4/2007	0	
Summe		**3**	
kontakt, (ABB)	Nr. 1/2007	5	S. 20: Merkel, S. 22: BMU, BMWi, DENA, WBCSD
kontakt, (ABB)	Nr. 4/2007	3	S. 25: DEWI, EWEA, Windkraft.de
kontakt, (ABB)	Nr. 1/2008	3	S. 19: DIHK, Annette Schavan; S. 20: Annette Heim (Pepperl+Fuchs);
Summe		**11**	
autogramm, (VW)	Nr. 10/2007	0	Seal und Heidi Klum sind aufgrund der Kampagne nicht als externe Quellen zu betrachen, sondern als Teil von Volkswagen.
autogramm, (VW)	Nr. 11/2007	1	S. 3: "Bild am Sonntag" - Jury
autogramm, (VW)	Nr. 12/2007	0	
Summe		**1**	
Bosch (Zünder, Bosch)	Nr. 5/2007	0	
Bosch (Zünder, Bosch)	Nr. 6/2007	0	
Summe		**0**	
Folio (RAG)	Nr. 1/2008	0	
Folio (RAG)	Nr. 2/2008	0	
Summe		**0**	
O.ton (O2)	Nr. 1/2007	3	S. 16: TV Movie, Teltarif, Connect
O.ton (O2)	Nr. 2/2007	0	
O.ton (O2)	Nr. 3/2007	0	
Summe		**3**	
Das Beste (HVB)	Nr. 4/2007	0	
Das Beste (HVB)	Nr. 5/2007	1	S. 11: Marietta Dall'Asta (freigestellte Betriebsrätin)
Das Beste (HVB)	Nr. 6/2007	0	
Summe		**1**	
Opel Post (Opel)	Nr. 9/2007	0	
Opel Post (Opel)	Nr. 10/2007	0	
Opel Post (Opel)	Nr. 12/2007	0	
Summe		**0**	
go ahead (MR)	Nr. 3/2006	0	
go ahead (MR)	Nr. 1/2007	1	S. 7: IPCC
go ahead (MR)	Nr. 2/2007	0	
Summe		**1**	

Links außen: **1. Platz*** (obere Gruppe), **2. Platz*** (untere Gruppe)

Tabelle 6: Quellenvielfalt

5.1.4 Vermittlung

Hypothese 4a: Alle Mitarbeiterzeitschriften werden eine korrekte Darstellungsform für ihren Aufmacher wählen.

Trotz des hohen Standards, den die Mitarbeiterzeitschriften haben, ist auch diese Hypothese nicht völlig erfüllt. Hier wird empfohlen bewusster darauf zu achten, was der Leser für ein Genre erwartet. Es leuchtet ein, dass, wenn neue Produkte vorgestellt werden, ein Bericht besser geeignet ist als ein Interview. Gleichfalls, wenn in der Einleitung eines Themas die Redaktion erklärt, dieses Thema sei so wichtig, dass es zwei Ausgaben gewidmet bekommt, dann sind meldungs-artige Artikel zu wenig. Berichte wären das Mindeste gewesen, was man bei einer solchen Ankündigung hätte bringen können. Hintergrundberichte wären noch besser gewesen.

Hypothese 4b: Wegen der hohen qualitativen Ansprüchen an den Aufmacher wird jeder Aufmacher, falls benötigt, Grafiken und eindrucksvolle Bilder hinzufügen.

Nur fünf von neun Mitarbeiterzeitschriften haben dieses Kriterium erfüllt. An den Funden ist erkennbar, dass, gerade wenn Entwicklungen wie das BIP in Russland oder die demografische Entwicklung beziehungsweise demografische Unterschiede in Indien zu Deutschland, vorgestellt werden, Grafiken nicht vorzufinden sind. Grafiken „sprechen" lauter als eine Ansammlung von Zahlen. Um das Interesse des Lesers zu steigern, wird empfohlen, stärker mit visuellen Hilfen zu arbeiten.

inkom. Grand Prix 2006 Gewinner	Mitarbeiterzeitschriften	Ausgabe	Richtiges Genre?	Begründung	Werden die Artikel von Grafiken unterstützt?	Begründung
			(J= 1/ N= 0)			
	Clartext (Clariant)	Nr. 2/2007	1		1	
	Clartext (Clariant)	Nr. 3/2007	1		1	
	Clartext (Clariant)	Nr. 4/2007	1		1	
	Summe		3		3	
	kontakt, (ABB)	Nr. 1/2007	1		1	
	kontakt, (ABB)	Nr. 4/2007	1		1	
1. Platz	kontakt, (ABB)	Nr. 1/2008	1		1	
	Summe		3		3	
	autogramm, (VW)	Nr. 10/2007	1		1	
	autogramm, (VW)	Nr. 11/2007	1		1	
	autogramm, (VW)	Nr. 12/2007	1		0	Grafiken über BIP oder Automobilmarkt in Russland hätten das Boomland Russland besser vermittelt.
	Summe		3		2	
	Bosch Zünder (Bosch)	Nr. 5/2007	1		1	
	Bosch Zünder (Bosch)	Nr. 6/2007	1		1	
	Summe		2		2	

Tabelle 7: Richtige Genres und grafische Unterstützung (1. Plätze)

Folio (RAG)	Nr. 1/2008	1		1	
Folio (RAG)	Nr. 2/2008	1		1	
Summe		**2**		**2**	
O.ton (O2)	Nr. 1/2007	1		1	
O.ton (O2)	Nr. 2/2007	1		1	
O.ton (O2)	Nr. 3/2007	1		0	Veränderungsprozesse lassen sich grafisch gut begleiten und sind zur besseren Verständlichkeit ein Muss.
Summe		**3**		**2**	
Das Beste (HVB)	Nr. 4/2007	1		1	
Das Beste (HVB)	Nr. 5/2007	1		0	Eine grafische Übersicht über die U-Werte für die, die nicht eingeweiht sind, ist bei einem mehrseitigen Bericht zu erwarten.
Das Beste (HVB)	Nr. 6/2007	1		1	
Summe		**3**		**2**	
Opel Post (Opel)	Nr. 9/2007	1		1	
Opel Post (Opel)	Nr. 10/2007	0	Eine neue Initiative wird vorgestellt. Dazu eignet sich besser ein Bericht, der die Fakten besser bündelt.	1	
Opel Post (Opel)	Nr. 12/2007	1		1	
Summe		**2**		**3**	
go ahead (MR)	Nr. 3/2006	1		1	
go ahead (MR)	Nr. 1/2007	0	Der meldungartige Beitrag bietet weniger Informationen als der Leser erwartet (Bericht).	1	
go ahead (MR)	Nr. 2/2007	1		0	Grafik über demografische Unterschiede zu Deutschland oder die stark steigende Lebenserwartung hätte den Bericht besser vermittelt.
Summe		**2**		**2**	

Die Zeile links (vertikal): **2. Platz**

Tabelle 8: Richtige Genres und grafische Unterstützung (2. Plätze)

Hypothese 4c: Jeder Aufmacher wird in der Mitarbeiterzeitschrift klar identifizierbar sein.

Auch diese Hypothese trifft zwar für die meisten, aber nicht für alle Mitarbeiterzeitschriften zu. Der Aufmacher war nur bei der „Das Beste" der HVB nicht klar erkennbar. Bei einigen anderen Magazinen war der Aufmacher zwar erkennbar, jedoch nicht einfach zu identifizieren. Hier ist darauf zu achten, dass der Aufmacher klarer erkennbar wird. Folgende Maßnahmen bieten sich an: Die Artikelüberschrift des Aufmachers in der Zeitschrift sollte gleich dem Aufmachertitel auf der Titelseite sein. Ein gutes Beispiel ist die „kontakt" von ABB. Zumindest in den Fällen, in denen das Aufmacherthema in mehrere Artikel unterteilt ist, sollte dies der Fall sein. Das Inhaltsverzeichnis sollte den Aufmacher hervorheben. Am eindeutigsten ist es, wenn die Redaktion wie bei dem „Bosch Zünder" oder der „autogramm" den Aufmacher direkt mit der entsprechenden Seitenzahl versieht, auf der die Geschichte fortgeführt wird. Dass dies auch bei Magazinen möglich ist, zeigt die „Opel Post".

* inkom. Grand Prix 2006 Gewinner	Mitarbeiter- zeitschriften	Ausgabe	Eindeutigkeit d. Aufmachers (J= 1/ N= 0)	Begründung
1. Platz	Clartext (Clariant)	Nr. 2/2007	1	
	Clartext (Clariant)	Nr. 3/2007	1	
	Clartext (Clariant)	Nr. 4/2007	1	
	Wertung		**1**	
	kontakt, (ABB)	Nr. 1/2007	1	
	kontakt, (ABB)	Nr. 4/2007	1	
	kontakt, (ABB)	Nr. 1/2008	1	
	Wertung		**1**	
	autogramm, (VW)	Nr. 10/2007	1	
	autogramm, (VW)	Nr. 11/2007	1	
	autogramm, (VW)	Nr. 12/2007	1	
	Wertung		**1**	
	Bosch Zünder (Bosch)	Nr. 5/2007	1	
	Bosch Zünder (Bosch)	Nr. 6/2007	1	
	Wertung		**1**	
2. Platz	Folio (RAG)	Nr. 1/2008	1	
	Folio (RAG)	Nr. 2/2008	1	
	Wertung		**1**	
	O.ton (O2)	Nr. 1/2007	1	
	O.ton (O2)	Nr. 2/2007	1	
	O.ton (O2)	Nr. 3/2007	1	
	Wertung		**1**	
	Das Beste (HVB)	Nr. 4/2007	0	Kein Titel, Inhaltsverzeichnis zeigt nicht, welcher Artikel des Themenschwerpunkts der Aufmacher ist.
	Das Beste (HVB)	Nr. 5/2007	1	
	Das Beste (HVB)	Nr. 6/2007	0	Kein Titel, Inhaltsverzeichnis zeigt nicht, welcher Artikel des Themenschwerpunkts der Aufmacher ist.
	Wertung		**0**	
	Opel Post (Opel)	Nr. 9/2007	1	
	Opel Post (Opel)	Nr. 10/2007	1	
	Opel Post (Opel)	Nr. 12/2007	1	
	Wertung		**1**	
	go ahead (MR)	Nr. 3/2006	1	
	go ahead (MR)	Nr. 1/2007	1	
	go ahead (MR)	Nr. 2/2007	1	
	Wertung		**1**	

Tabelle 9: Eindeutigkeit des Aufmachers

Hypothese 4d: Die erstplatzierten Mitarbeiterzeitschriften werden eine bessere Verteilung der Genres haben als die Zweitplatzierten.

Diese Hypothese trifft zu. Durchschnittlich haben die erstplatzierten Mitarbeiterzeitschriften eine bessere Verteilung als die zweitplatzierten. Einzeln betrachtet kann nur die „Folio" als Zweitplatzierte die erstplatzierte „autogramm" übertrumpfen. Es wird empfohlen, ähnlich wie bei „latenter Aktualität" bei der Auswahl jedes Artikels für eine neue Ausgabe darauf zu achten, ob dieser zu einem Genre gehört, das bereits überbesetzt oder noch nicht besetzt ist.

Platz	Zeitschrift * inkom. Grand Prix 2006 Gewinner		Nachricht Kurzmeld.	Meld.	Bericht	HG-bericht	Rep. & Feature	Kom.	Interview	Sonst. (Portrait,)	Σ in Seiten	Σ Gen. in Pkt.	Ø	Verteil. d. vorhand. Genres
						Alle Angaben in DIN A4-Seiten								
1. Platz*	Clartext (Clariant)	Nr. 2/2007	0,3	2	9	11	6	0,3		3		7		3
	Clartext (Clariant)	Nr. 3/2007	0,3	2	19	6	6	0,4		3		7	7,3	3
	Clartext (Clariant)	Nr. 4/2007	0,3	3	4	12	11	0,5	2,5	2		8		4
	Summe		0,9	7	32	29	23	1,2	2,5	8	103,6	22,0		10
	Prozent		1%	7%	31%	28%	22%	1%	2%	8%	100%			
	kontakt, (ABB)	Nr. 1/2007	0,3	3,5	10	7		2,3	4	5		7		11
	kontakt, (ABB)	Nr. 4/2007	0,3	6	15	6	3	5,6	1	8		8	7,3	12
	kontakt, (ABB)	Nr. 1/2008	0,6	7	14,5	6		3,3	5	6,6		7		13
	Summe		1,2	16,5	39,5	19	3	11,2	10	19,6	120	22,0		36
	Prozent		1%	14%	33%	16%	3%	9%	8%	16%	100%			
	autogramm, (VW)	Nr. 10/2007	0,8	7,5	24,5	4			3	2,5		6		6
	autogramm, (VW)	Nr. 11/2007	1	5,5	24,3		2	1	2,3	1		7	6,3	3
	autogramm, (VW)	Nr. 12/2007	1,4	5,5	32			0,6	2,3	0,8		6		2
	Summe		3,2	18,5	80,8	4	2	1,6	7,6	4,3	122	19,0		11
	Prozent		3%	15%	66%	3%	2%	1%	6%	4%	100%			
	Bosch Zünder (Bosch)	Nr. 5/2007	0,5	11	24,5	4	1	1,2	0,8	6		8	7	13
	Bosch Zünder (Bosch)	Nr. 6/2007	0,5	12	26			0,3	0,5	10,7		6		6
	Summe		1	23	50,5	4	1	1,5	1,3	16,7	99	14,0		19
	Prozent		1%	23%	51%	4%	1%	2%	1%	17%	100%			
	Folio (RAG)	Nr. 1/2008	0,3	6,1	11	10			3,8	4		6		10
	Folio (RAG)	Nr. 2/2008	0,3	5,4	10	10		1	4,4	4		7	6,5	11
	Summe		0,6	11,5	21	20	0	1	8,2	8	70,3	13,0		21
	Prozent		1%	16%	30%	28%	0%	1%	12%	11%	100%			
2. Platz*	O.ton (O2)	Nr. 1/2007	0,8	2,4	16					2,4		4		-4
	O.ton (O2)	Nr. 2/2007		3,44	16,8			1,6		3,76		4	4,3	0
	O.ton (O2)	Nr. 3/2007		4,4	16,8			2,4	0,4	1,6		5		-3
	Summe		0,8	10,24	49,6	0	0	4	0,4	7,76	72,8	13,0		-7
	Prozent		1%	14%	68%	0%	0%	5%	1%	11%	100%			
	Das Beste (HVB)	Nr. 4/2007		3,3	29			2		10		4		0
	Das Beste (HVB)	Nr. 5/2007		4,6	31,3			1,7	0,3	9		5	5	1
	Das Beste (HVB)	Nr. 6/2007		4,7	18,5	12		1	1,3	9		6		6
	Summe		0	12,6	78,8	12	0	4,7	1,6	28	137,7	15,0		7
	Prozent		0%	9%	57%	9%	0%	3%	1%	20%	100%			
	Opel Post (Opel)	Nr. 9/2007		4,1	18	3,5				3		4		0
	Opel Post (Opel)	Nr. 10/2007	0,3	5	15,2				7	0,2		5	4,7	1
	Opel Post (Opel)	Nr. 12/2007	0,1	3,3	21				4,5	0,2		5		-3
	Summe		0,4	12,4	54,2	3,5	0	0	11,5	3,4	85,4	14,0		-2
	Prozent		0%	15%	63%	4%	0%	0%	13%	4%	100%			
	go ahead (MR)	Nr. 3/2006		1	24,5			7,5	12,5	13		5		5
	go ahead (MR)	Nr. 1/2007		1	24				16	11		4	4,7	0
	go ahead (MR)	Nr. 2/2007		1,3	29			0,6	7	8,5		5		1
	Summe		0	3,3	77,5	0	0	8	35,5	32,5	156,8	14,0		6
	Prozent		0%	2%	49%	0%	0%	5%	23%	21%	100%			

Tabelle 10: Verteilung der Darstellungsformen

5.2 Grenzen

Bei der Analyse der Mitarbeiterzeitschriften gab es, bezogen auf das Modell, zwei Grenzen. Zum einen fehlt es an mangelnder Repräsentativität. Je mehr Mitarbeiterzeitschriften geprüft werden, desto näher kommt man dem Realitätswert über den Mangel durch

RAGERS Qualitätskriterium. Zum anderen handelt es sich um eine subjektive Einschätzung, die nicht von einem mehrköpfigen Bewertungsteam bearbeitet wurde. Dies würde die Wirkung eventueller Vorlieben eines Einzelnen neutralisieren. Ferner handelt es sich beim zu bewertenden Material nicht um feste Strukturen, sondern um fließende Übergänge, was die Dimensionen untereinander betreffen, aber auch innerhalb der Dimensionen. Dies soll anhand der vier Dimensionen aufgezeigt werden.

- **Aktualität**: Aktualität, die auf Ereignissen basiert, ist eindeutig zu bewerten. Trends oder aktuelle Entwicklungen sind hingegen schwieriger zu bewerten. So ist es schwer, eine Grenze zwischen den Trends zu setzen, die aktuell sind und denen, die es nicht sind, da die Grenze fließend ist. Noch stärker tritt dem Analysierenden diese Einschränkung ins Bewusstsein, wenn er bewerten muss, ob der Gegenwartsbezug gelungen vermittelt wird.

- **Relevanz**: Die einzig richtige Auswahl von Nachrichtenfaktoren gibt es nicht, was die theoretischen Modelle weiter oben zeigten. Insofern ist die Auswahl der Nachrichtenfaktoren abhängig von dem Modell, für das man sich entscheidet oder den eigenen Auswahlkriterien, was zur Folge haben kann, dass die Bewertung unterschiedlich ausfallen kann. Hinzu kommt die Einschränkung, dass es noch keine Studie über die Gewichtung der einzelnen Nachrichtenfaktoren gibt und daher alle als gleichbedeutend eingestuft werden müssen.

- **Richtigkeit**: Diese Dimension ist am einfachsten zu bewerten. Freiheit von Fehlern und logischen Fehlschlüssen, sowie Quellentransparenz lassen sich gut überprüfen.

- **Vermittlung**: Diese Dimension birgt die größten Einschränkungen und Grenzen. So gibt es kaum eine Bemessungsgrundlage, auf der man die tatsächliche Vermittlungsqualität bemessen kann und insofern muss eine eigene Bemessungsgrundlage hergestellt werden. Ist eine klare Bewertungsgrundlage nicht vorhanden, wird der Analysierende mögliche Grenzen bei seinem Vorgesetzten oder dem Hauptverantwortlichen der Mitarbeiterzeitschrift bei Meinungsverschiedenheiten verspüren, da er keine fundierte Argumentationsgrundlage bieten kann.

Wenn man sich von der Sichtweise des einzelnen Redakteurs entfernt und die Redaktion als Ganzes betrachtet, stößt man auf neue Grenzen. Genießen die Redakteure im klassischen Journalismus Meinungsfreiheit, so ist dies für Redakteure von Mitarbeiterzeitschriften grundlegend anders. Wie oben bereits angedeutet, ist die Redaktion eines Unternehmens nicht nur ein Presse- sondern auch ein Betriebsorgan. Die Mitarbeiterzeitschrift soll einen Beitrag zu den Unternehmenszielen leisten.[201] Nach KIRCHNER sind Mitarbeiterbeiträge, sofern sie keinen Beitrag für die Unternehmensziele leisten, überflüssig. MAST oder TSCHUMI zeigen, dass das oberste Ziel der Mitarbeiterzeitschrift ist, das sogenannte „Big picture", d.h. die Vorhaben des Unternehmens, seine Entwicklungen und Zukunftspläne vorzustellen.[202] Diese sogenannte Abwärtskommunikation vom Management zu den Mitarbeitern ist den Vorstellungen, dass die Mitarbeiterzeitschrift das Medium ist, in dem sich die Mitarbeiter wiederfinden, entgegengesetzt. Diese sogenannte „Hofberichterstattung" schmälert jedoch die Glaubwürdigkeit.[203] Die Redaktion steht also vor dem Problem, mit dem begrenzten Raum, der ihr zur Verfügung steht, auf der einen Seite möglichst viele Beiträge („Big Picture") zur Unternehmenszielförderung zu nutzen und auf der anderen Seite darauf zu achten, dass die Glaubwürdigkeit oder Akzeptanz nicht darunter leidet. Auch kritische Äußerungen seitens der Mitarbeiter sind in Mitarbeiterzeitschriften oft ein Tabu. Mitarbeiterzeitschriften werden oft auch an Kunden oder die Medien geschickt. Kritische Stimmen wären kontraproduktiv, auch wenn die Mitarbeiterzeitschriften vermutlich an Unterhaltungswert gewinnen würden – Stichwort: Nachrichtenfaktor Negativismus.

Hinzu kommt eine finanzielle Begrenzung, die die Recherchearbeit bei der Themenfindung und eine Bebilderung nur begrenzt ermöglicht. Eine effizient aufgestellte Redaktionsstruktur und eine effiziente Prozessorganisation sind unentbehrlich.[204] Eine schlechte Organisation der Redaktion wirkt sich direkt auf die Artikel aus. Ein interessantes Thema, worüber die Redaktion umfassend berichten könnte, wird wegen einer schwachen Recherche nur einen kurzen Bericht liefern statt eines ausführlicheren Hintergrundberichts. Grund hierfür können die oft langen Produktionszyklen, wenn beispielsweise die Vorstände die Mitarbeiterzeitschrift gelesen haben wollen, bevor sie in den Druck geht.

---

[201] Kirchner, 2001, S. 152

[202] Vgl. Mast, 2002, S. 255f; Vgl. Tschumi, 2005, S. 204

[203] Vgl. Mast, 2002, S. 195

[204] Mehr über die effiziente Koordination journalistischer Arbeit ist nachzulesen bei: Moss, Christoph (1998): Die Organisation der Zeitungsredaktion, Wiesbaden

6 Fazit

In dieser Arbeit hat der Verfasser die Messlatte der zu überprüfenden Mitarbeiterzeitschriften möglichst hoch angesetzt, um eine möglichst hohe Generalisierbarkeit zu erreichen. Schließlich ging es darum Verbesserungspotenzial in Mitarbeiterzeitschriften zu finden, die als die besten Deutschlands angesehen werden. Es war davon auszugehen, dass die Mitarbeiterzeitschriften wegen des hohen Professionalisierungsgrads, bestätigt durch den „inkom. Grand Prix", wohl kaum Verbesserungspotenzial bieten würden.

Im klassischen Journalismus existiert ein hoher Konkurrenzdruck, den Unternehmenszeitschriften nicht kennen. Für Redaktionen des klassischen Journalismus spielt die Qualität im Journalismus seit langem eine wichtige Rolle. Deshalb schien es ratsam ein Modell, das für den klassischen Journalismus ausgelegt ist, zu nehmen und es auf Mitarbeiterzeitschriften anzuwenden. Es gibt unterschiedliche Modelle, die alle zur Überprüfbarkeit von journalistischer Qualität anwendbar sind. Die allumfassende Definition für journalistische Qualität hingegen gibt es noch nicht. Das Modell von RAGER versucht, möglichst alle Aspekte von Qualität in einem Modell zu sammeln. So werden seine Aspekte unter fünf Dimensionen zusammengebracht. Die im Jahr 2000 hinzugenommene Dimension Ethik wurde nicht auf Mitarbeiterzeitschriften angewendet, da der Verfasser davon ausgeht, dass die redaktionelle Ethik einer Mitarbeiterzeitschrift an die Unternehmensethik gekoppelt ist und sich der Diskussion um „ethischen Journalismus" nicht stellt.

Die Ergebnisse der Analyse haben die Erwartungen deutlich übertroffen. Jede Dimension hatte ihre eigenen Gewinner und Verlierer, jede Dimension brachte Überraschungen und neue Erkenntnisse mit sich. Die Frage, ob die Analyse das gewünschte Ergebnis bringen würde, ist zu bejahen. Es wurde weitaus mehr Verbesserungspotenzial gefunden, als erwartet.

Es war festzustellen, dass es einen Qualitätsunterschied zwischen den erstplatzierten und zweitplatzierten Mitarbeiterzeitschriften gibt. Die Ergebnisse des „inkom. Grand Prix 2006" wurden also bestätigt. Ferner war mit diesem Modell auch feststellbar, wie sich die verschiedenen Strategien der Redaktionen, zum Beispiel die Schwerpunktthemenstrategie, auf die Qualität der Mitarbeiterzeitschrift auswirkten und wie manche Redaktionen bestimmte Effekte wie Monotonie bei der Schwerpunktstrategie abfederten.

Das RAGERsche Modell ist bei der Analyse zur Qualitätssteigerung von Mitarbeiterzeitschriften ein nützliches Hilfsmittel und demnach für diese Zwecke empfehlenswert.

III Literaturverzeichnis

Berg, Hermann-Josef; Kalthoff-Mahnke, Michael; Wolf, Eberhard (2007): Jahrbuch Interne Kommunikation 2007, Dortmund

Bischl, Katrin (2000): Die Mitarbeiterzeitung. Kommunikative Strategien der positiven Selbstdarstellung, Wiesbaden

Blöbaum, Bernd (1994): Journalismus als soziales System. Geschichte, Ausdifferenzierung und Verselbständigung, Opladen

Brahnal, Udo (2000): Medienrecht, 3. überarbeitete Aufl., Wiesbaden

Bucher, Hans-Jürgen (2003): Journalistische Qualität und Theorien des Journalismus, in: Bucher, Hans-Jürgen; Altmeppen, Klaus-Dieter (Hrsg.): Qualität im Journalismus – Grundlagen, Dimensionen, Praxismodelle, Wiesbaden, S. 12-14

Cauers, Christian (2005): Mitarbeiterzeitschriften heute – Flaschenpost oder strategisches Medium?, Wiesbaden

Fitting, Karl (2007): Betriebsverfassungsgesetz, 23. Aufl., München

Galtung, Johan; Ruge, Holmboe (1965): The structure of foreign news. The presentation of Congo Cuba, Cyprus Crisis in four Norwegian , London, S. 64-91

Göpfert, Winfried (1993): Publizistische Qualität, in: Bammé, Arno; Kotzmann Ernst; Reschenberg, Hasso (Hrsg.): Publizistische Qualität. Probleme und Perspektiven ihrer Bewertung, München, S. 100-107

Haller, Klaus (1982): Werkzeitschriften in der Bundesrepublik Deutschland : Erhebung und Analyse eines innerbetrieblichen Informationsmittels, Berlin

Heinrich, Jürgen (2001): Medienökonomie, Bd. 1, 2. Aufl., Wiesbaden

Heinrich, Jürgen; Moss, Christoph (2006): Wirtschaftsjournalistik, Grundlagen und Praxis, Wiesbaden

Held, Monika; Schlumberger, Hella (1976): Schöne, heile Arbeitswelt ... : Methoden und Manipulationen der Werkpresse, Frankfurt am Main

Herbst, Dieter (1999): Interne Kommunikation, Berlin

Hermes, Sandra (2006): Qualitätsmanagement in Nachrichtenredaktionen, Köln

Hilb, Martin (1975): Die Personalzeitschrift als Instrument der innerbetrieblichen Informationspolitik: Untersuchung der Erwartungen verschiedener Publikumskategorien, Bern

Kalmus, Michael (1998): Praxis der Internen Kommunikation. Vom Schwarzen Brett zum Intranet, Essen

Kalmus, Michael; Classen, Dorit (1979): Zielgruppe unbekannt? Neue Wege der Internen Information, Essen

Klöfer, Franz (1996): Mitarbeiterkommunikation 1996: Auf der Grundlage einer Erhebung bei Unternehmen mit mehr als 500 Mitarbeitern, Mainz

Korbmann, Reiner (1993): Journalistische Qualität, in: Bammé, Arno; Kotzmann, Ernst, Reschenberg, Hasso (Hrsg.): Publizistische Qualität. Probleme und Perspektiven ihrer Bewertung, München, S. 141- 148

La Roche, Walther von (1999): Einführung in den praktischen Journalismus, 15. völlig neu bearbeitete Aufl., München

Mast, Claudia (2000): Effektive Kommunikation für Manager. Informieren, Diskutieren, Überzeugen, Landsberg/Lech

Mast, Claudia (2002): Unternehmenskommunikation, Stuttgart

Mänken, E. W. (2004): Mitarbeiterzeitschriften noch besser, Wiesbaden

Meier, Philip (2002): Interne Kommunikation im Unternehmen: Von der Hauszeitung bis zum Intranet, Zürich

Meinke, Ulrike (2002): Die Nachricht nach Mass – Erfolg und Misserfolg von Agenturentexte, Wiesbaden

Moss, Christoph (1998): Die Organisation der Zeitungsredaktion, Wiesbaden

Rager, Günther (1994): Dimensionen der Qualität, in: Bentele, Günter; Hesse, Kurt R. (Hrsg.): Publizistik in der Gesellschaft, Bd. 35, Konstanz, S. 189-206

Rager, Günther (1994b): Unternehmenskommunikation – mehr als ein Verteiler, in: Meissner, Hans Günther; Rager, Günther; Würzberg, H. Gerd: Unternehmenskommunikation, Dortmund, S. 27- 32

Rager, Günther; Weber, Bernd (1994): Zeile für Zeile Qualität. In: Haase, Helga; Rager Günther; Weber, Bernd (Hrsg.): Zeile für Zeile – Qualität in der Zeitung, Münster, S.1-15

Rager, Günther (2000): Ethik – eine Dimension von Qualität?, in: Schicha, Christian; Brosda, Carsten (Hrsg.): Medienethik zwischen Theorie und Praxis, S. 76-89

Ruß-Mohl, Stephan (1994): Anything does, Ein Stolperstein und sieben Thesen zur publizistischen Qualitätssicherung, in: Reiter, Sibylle; Ruß-Mohl, Stephan (Hrsg.): Zukunft oder Ende des Journalismus, Gütersloh, S. 22-28

Ruß-Mohl, Stephan (2003): Journalismus. Das Handbuch und Lehrbuch, Frankfurt am Main

Schick, Siegfried (2002): Interne Unternehmenskommunikation. Strategien entwickeln, Strukturen schaffen, Prozesse steuern, Stuttgart

Schulz, Winfried (1990): Kriterien der Selektion: Zum Stand der Nachrichtenforschung in: Kepplinger, Hans Mathias; Noelle-Neumann, Elisabeth; Schulz, Winfried (Hrsg.): Die Konstruktion von Realität in den Nachrichtenmedien: Analyse der aktuellen Berichterstattung, 2. unveränderte Aufl., Freiburg

Staab, Joachim Friedrich (1990): Nachrichtenwert-Theorie: formale Struktur und empirischer Gehalt, Freiburg

Tschumi, Martin (2005): Handbuch zum Personalmanagement, Zürich

o.V. (2006): Das Fremdwörterbuch, Der Duden, Band 5, Mannheim u.a.

Viedebantt, Klaus (2005): Mitarbeiterzeitschriften: Inhalte, Konzeption, Gestaltung, Frankfurt am Main

Wallisch, Gianluca (1995): Journalistische Qualität – Definitionen, Modelle, Kritik, in: Hömberg, Walter; Püer, Heinz; Saxer, Ulrich (Hrsg.): Forschungsfeld Kommunikation, Bd. 6, Konstanz

Weischenberg, Siegfried (1990): Nachrichtenschreiben, Journalistische Praxis zum Studium und Selbststudium, 2. Aufl., Opladen

Wyss, Vinzenz (2002): Redaktionelles Qualitätsmanagement – Ziele, Normen, Ressourcen.; in Hömberg, Walter; Pürer, Heinz; Saxer, Ulrich (Hrsg.): Forschungsfeld Kommunikation, Bd. 15, Konstanz

Internetquellen

http://corporate.evonik.de/de/company/at-a-glance/index.html, Evonik, 18.03.2008;

http://corporate.evonik.de/de/press/pressreleases/2007/071128_pm_quartalszahlen.html?ret
=%2Fde%2Fdownload-center%2Findex.html%3Fquery%3D%26monthstart%
3D%26yearstart%3D%26monthend%3D%26yearend%3D%26area%3D%26topic%3Dfina
nce%26doctype%3D%26subdoctype%3D%26sort%3D%26advanced%3D%26 search-
Page%3D%26startSearch%3Dtrue%26scope%3D, Evonik, 18.03.2008

http://www.bcp-award.com/preistraeger07/BCP-2007_Shortlist_Winner.pdf, Forum Corporate Publishing, 31.01.2008

http://www.netzwerkrecherche.de/docs/ruhrmann-goebbel-veraenderung-der-
nachrichtenfaktoren.pdf, Ruhrmann, Georg; Göbbel, Roland, 14.02.2008

http://www.chemie.de/lexikon/d/Clariant, Chemie, 19.02.2008

http://www.clariant.de/e2wportal/de/internet.nsf/vwWebPagesByID/B88715C275890FF0
C12570110041B7A0, Clariant, 25.02.2008

http://www.abb.de/cawp/deabb200/ae311748d2b15738412567aa00648bd1.aspx, ABB,
21.02.2008

http://www.abb.pl/cawp/seitp202/4caf80cd03b3f8c7c12571c4004e4a03.aspx, ABB,
21.02.2008

http://www.abb.de/transformatoren, ABB, 23.02.2008

http://www.abb.de/cawp/seitp202/3FBA67AF1A968567C1256F9A003A3FE3.aspx, ABB,
23.02.2008

http://www.bosch.de/start/content/language1/html/867.htm, Bosch, 11.03.2008

http://www.iaa.de/archiv/2007/, IAA, 03.03.2008

http://www.volkswagenag.com/vwag/vwcorp/content/de/the_group/key-figures.html,
Volkswagen, 11.03.2008

http://www.volkswagenag.com/vwag/vwcorp/info_center/de/news/2007/09/heidi_klum_an
d_seal.html, Volkswagen, 03.03.2008

http://www.munichre.com/de/group/default.aspx, Münchener Rück, 04.03.2008 http://www.munichre.com/de/ir/shares/key_figures/key_figures_of_munich_re_group/defa ult.aspx, Münchener Rück, 04.03.2008

http://about.hypovereinsbank.de/cms/aboutus/zahlenundfakten/mitarbeiter.html, HVB, 04.03.2008

http://www.unicreditgroup.eu/DOC/jsp/navigation/gruppo_content.jsp?parCurrentId=0b00 303980002313&parCurrentPage=unicredit_in_breve.html&parLocale=en, UniCredit Group, 11.03.2008

http://www.de.o2.com/ext/standard/index?page_id=13692&state=online&style=standard& popup=0, O2, 18.03.2008

http://opus.ub.uni-hohenheim.de/volltexte/2005/86/pdf/kommunikation5.pdf, Mast, Clau-dia; Fiedler, Katja, 11.02.2008

Mitarbeiterzeitschriften

autogramm, Volkswagen, 10/2007

autogramm, Volkswagen, 11/2007

autogramm, Volkswagen, 12/2007

Bosch Zünder, Bosch, Nr. 5, 10.2008

Bosch Zünder, Bosch, Nr. 6, 12.2008

Clartext, Clariant, Nr. 2/2007

Clartext, Clariant, Nr. 3/2007

Clartext, Clariant, Nr. 4/2007

Das Beste, HVB, Nr. 4/2007

Das Beste, HVB, Nr. 5/2007

Das Beste, HVB, Nr. 6/2007

Folio, RAG, Nr. 1/2008

Folio, RAG, Nr. 2/2008

go ahead, Münchener Rück, Nr. 3/2006

go ahead, Münchener Rück, Nr. 1/2007

go ahead, Münchener Rück, Nr. 2/2007

kontakt, ABB, Nr. 1 2007

kontakt, ABB, Nr. 4 2007

kontakt, ABB, Nr. 1 2008

Opel Post, Opel, Nr. 9/2007

Opel Post, Opel, Nr. 10/2007

Opel Post, Opel, Nr. 12/2007

Studie

Forum Corporate Publishing (FCP) hat TNS Emnid damit beauftragt, eine Studie über Interne Kommunikation durchzuführen. Dazu wurden die BCP-Award-Teilnehmer und Unternehmen der Top 500 (größten Unternehmen der Bundesrepublik Deutschland nach Anzahl der Mitarbeiter (Quelle: Hoppenstedt Firmendatenbank, Stand: 2. Quartal 2004) befragt. An der Befragung nahmen 150 Entscheider für die Interne Kommunikation teil: 112 aus den Top-500-Unternehmen, 38 BCP-Award-Teilnehmer. Die Feldzeit der Studie lief vom 13.10.2004 bis zum 29.10.2004. Projektleitung: Höflich, Michael (2004): Inhouse-Medien, Was Mitarbeiterkommunikation leisten soll, Bd. 2, München